坂本政道

覚醒への旅路

人はどこから来て どこへ向かうのか

まえがき

この世に生まれてから死ぬまでが人生だと考える人が多い。

その前もないし、その後もないと。

そう信じるのは勝手だが、真実はそうではない。


死後はある。それだけではない。

実は、私たちはみな**これまでに何百回、何千回と生きてきている。**

しかも、それは地球に来てからの回数にすぎない。

その前に、シリウスやプレアデス星団、オリオン座のリゲル、ミンタカ、こと座のヴェガ、白鳥座のデネブ、あるいは他の名もなき星々で、さらに多くの生を生きてきている。

みなこの**驚くべき真実をすっかり忘れてしまっている。**
一体自分はどこから来たのか、そして、これからどこへ行こうとしているのか。

こういうとても大切なことをすっかり忘れてしまっているのだ。

ただ、それを少しずつ思い出す旅をだれでも始めることはできる。

私はヘミシンクという方法を使い、その旅を２００１年に開始した。

それ以降、心の深いところにあってすっかり忘れていた数々のことを思い出してきている。

ヘミシンクはそういう部分にアクセスすることを可能としてくれるのである。


この旅は**覚醒へと向かう旅**でもある。

忘れていたことをすっかり思い出した暁に、あなたは晴れて目覚める。

そして自分がだれで、どこから来て、どこへ向かうのかをはっきりと自覚するのである。

私はこの旅路を進みながら、ところどころで思い出したことがらをその都度、本に著してきた。その数は30冊以上になる。

それはあくまでも私個人に関する記憶が主だが、それは他の人にも参考程度にはなりうると思う。そこに普遍性を見出すことができるからだ。


まだ道半ばだが、この段階でここまでわかってきたことがらをまとめようと思う。ただ、内容が内容だけに、とても1冊ではまとめきれないので、全部で3冊ほどになる予定だ。

本書ではまず**覚醒とは何か**ということについてお話しし、私たちはどこへ向かうのかを明らかにする。

「この世は夢幻《ゆめまぼろし》の世界だ」という表現がある。また、そういう夢の世界から「覚醒」するとか、「目覚める」という言葉が使われることがある。

それは一体どういう意味なのだろうか。悟りと同じことを指すのだろうか。

精神世界に興味があり、精神性を高めるさまざまな方法にチャレンジしてきた人なら、一度は関心をもったことがあるのではないだろうか。

それだけ関心の高い「覚醒」なのに、それについて明確に書いた本はこれまでにあまりなかったと思う。そこで、本書は「覚醒」とは何を意味するのか、どういう精神状態に達することなのか、ということをまず明らかにする。

ここまで明確に書いた本は、意外と少ないのではないだろうか。

その上で、**覚醒するには何が必要なのか**について解き明かす。これは多くの人が知りたいことがらだと思う。

さらに、覚醒へ向かう過程の具体例として、著者自らがこれまで歩んできた道のりを、覚醒という観点から見直し、私がどういうことを体験し、知るようになったかを明らかにしてゆく。

覚醒への歩みという意味で、2001年にヘミシンクを聴き始めたころ、私はごく平均的なレベルにいた。別に超能力者だったわけではないし、聖人君子を目指していたわけでもない。ごく普通のエンジニアだった。

だから、その後の私の足取りは普通の人がヘミシンクを聴くことでどう歩んでいくのかを示していると思う。

ただ、これはあくまでも私個人が体験したことがらなので、どこまで一般化できるかはわからない。


それぞれの人にはそれぞれの旅路があり、その路傍で見かける景色や出会う人々も違う。

それぞれに個性豊かな、貴重な旅を歩んでいる。

それを楽しんでいけばいいんじゃないかと思う。

2015年　花粉舞う春
坂本政道

覚醒への旅路
人はどこから来て　どこへ向かうのか

Contents

第9章　地球外の天体での過去世／233

第10章　すべての自分たちの集団／268

第1章　覚醒とは

まず覚醒とはどういうことか、ということから入りたい。

精神世界を扱った本には「覚醒」という言葉がときどき出てくることがある。悟りと同じように、すべての人にとってのゴールという雰囲気を持った言葉である。

ただ、これまで覚醒とはどういうことなのか、明確に書いた本は少なかったのではないだろうか。

そこで、ここではまず覚醒ということについて明らかにしたいと思う。

バシャールをご存じだろうか。１９８０年代から米国人のダリル・アンカをチャネラーとしてメッセージを伝えてくる地球外生命体である。オリオン座の方向にあるエササニという星がバシャールの母星である。

ダリル・アンカを通してチャネルされたバシャールからのメッセージは本という形で1980年代以降VOICEから何冊も出版されている。おそらく本国アメリカ以上に日本で人気があるのではないだろうか。

私は2008年11月にVOICEのはからいで米国ロス郊外に住むダリル・アンカに会い、バシャールのチャネリング・セッションを何回か持つことができた。そのときのやりとりは『バシャール×坂本政道』(VOICE)に収録されている。

この中に覚醒について詳しい説明がある。

ダリル・アンカ/バシャール

その話に入る前に、ちょっと余談になるが、そのときのエピソードを少しご紹介したい。

ホテルのスイート・ルームを借りて、セッションを行なったのだが、ダリル・アンカの声があまりに大きくて、隣りの部屋の人が壁をたたいてきたことがあった。チャネリング中のダリル・アンカにはかなりのエネルギーが降りてきているようで、それが声の大きさとして現れているようだった。

チャネリングしていないときのダリル・アンカは、とても穏やかで優しい口調で話しをする。

カリフォルニアのいい感じのお兄さんという印象だ。それがいざチャネリングが始まると、雰囲気ががらっと変わってしまう。

チャネリング中にはエネルギーがかなり降りてきているようだと書いたが、ダリル・アンカだけでなく、隣りに座っていた私にも一部入ってきたと思う。というのは、無意識のうちに相当影響を受けた気がするからだ。

たとえば、私自身、直接いくつか情報をもらっていた。と言えるのは、あることについて答えをもらったのだが、そういうことを聞いた記録がセッション録をいくら調べても載っていないのだ。私はてっきりセッション中に聞いたとばかり思っていたのだが、そうではなかった。

また、このときから私自身バシャールと交信できるようになった。それはダリル・アンカのやるようなチャネリングではない。ダリル・アンカの場合は、本人の意識はどこか別のところに行っているので、セッションの記憶はまったくない。

それに対して、私がやるようになったのは、コンシャス・チャネリングと呼ばれるもので、自分の意識をしっかり保ったままバシャールからの情報を受け取る。そして、その情報を言葉に翻訳する。

情報は受け取った段階ではまだ非言語で、それを日本語に翻訳しているわけである。だから、意味は分かるけど、的確な日本語が見つからないこともある。

私は仕事柄、通訳をすることがあるが、そのときの状態に似ている。英語で来た情報を一度、非言語にして全体像をつかみ、それを日本語にする。

要するに相手の言わんとしていることは何なのかというものをつかむわけである。それができていないと、訳すこともできない。

その際、相手の言わんとしていること、というのは非言語である。

バシャールと交信する場合、バシャールから来るのはこの非言語段階の情報である。後はそれを言語化すればいい。

バシャールとの交信はヘミシンクを使えば比較的簡単に行なえるので、そのやり方をアクアヴィジョン・アカデミーで教えている。また、『あなたもバシャールと交信できる』（ハート出版）に書いたので、興味のある方はご覧いただければと思う。

かなり横道にそれてしまったが、話を元に戻そう。

バシャールは覚醒ということについて『バシャール×坂本政道』（VOICE）の中で詳しく説明している。ここでは、その抜粋を載せたい。

バシャールは、覚醒とは私たちの振動数が18万回／秒になることだとする（p155）。それは私たちが第3密度と呼ばれる段階から第4密度と呼ばれる段階へ上がることでもあるという。

振動数とは

振動数とか密度という聞きなれない概念が出てきたので、順にお話ししたい。

まず、振動数ということからお話ししたい。振動数というからには何かが振動しているはずである。

ただ、ここで言う振動数は現代科学ではまだ把握されていない類のものである。ましてや、振動している実体にいたっては現代科学ではまったく認識されていない。

私は体験から、振動する実体は生命エネルギーだと考えている。生命エネルギーというものは現代科学では認識されていないが、宇宙に存在するすべてのものがこのエネルギーが表れ出たものだと思う。

こういうふうに考えるようになった背景には、いくつかの体験がある。

ヘミシンクを開発したモンロー研究所では、研究所に宿泊してヘミシンクを体験する5泊6日のプログラムが何種類もある。その中のスターラインズというプログラムでは、ヘミシンクを聴いて深い意識状態に入ることで、地球から離れたさまざまな天体を訪れる。

スターラインズに初めて参加したときのことだ。太陽系に二番目に近い星であるケンタウルス座アルファを訪れた。この星は肉眼では一つに見えるが、実は二重星で、二つの星がその重心を中心に回り合っている。そのときの体験記録を『死後体験』（ハート出版）から一部修正して載せる。

まず金色に輝く透明の球が見えてきた。回転している。次いで金色の球は透明になって輪郭の線だけになり（つまりリング状になり）、リズミカルに動き出した。もうひとつ赤い色の同じ形のものが現れて、二つの重心を中心に回りだした。まるで男女のペアがダンスをしているときのような動きをする。快活で動きを楽しんでいる。生命力にみなぎり、子供のようににこにこしながら踊っているのだ。今まで知らなかったが、星は生きているのだ。こんなに命にあふれていたとは気がつかなかった。

二つの星は生き生きとしていて、まわりの空間に喜びのエネルギーをまき散らしているという感じだった。星は明らかに生命体で、生命の息吹が感じられた。
このスターラインズでは、星だけでなく、通常なら生命が宿っているとは見なされていない溶岩や岩石、結晶にも生命があり、そこには喜びのエネルギーの脈動があることを体感した。
生命とは、喜びのエネルギーである生命エネルギーの脈動なのである。このスターラインズではいろいろなものに生命を感じたが、みな喜びを精一杯表現していた。この宇宙で喜んでいないのは人間だけだと思った。

ＳＭＡＰの「世界に一つだけの花」という大ヒットした歌がある。おそらくほとんどの人が知っていると思うので、あえて歌詞は載せないが、この曲全体で伝わってくるのは、一輪一輪の花がそれぞれに輝いているということ。

これは正にスターラインズで感じたことだ。星などがそれぞれに命を謳歌していて、その喜びをまわりに放射しているということだった。

東日本大震災の直後のことだ。日本全体が沈痛な思いの中にいたときのこと。ふと、庭先に咲く小さな花たちに目が留まった。

それまで気がつかなかったが、花たちはみな何とも優しい笑顔で微笑んでいるのだ。大丈夫だよと。なぜだか、心から癒された。

震災後、「花は咲く」という歌が多くの人に歌われ、震災で受けた心の傷を癒してくれた。花の放つエネルギーは、生命エネルギーそのものだが、そこには喜びがあり、癒しがある。だから、元気がなくなると、花を見ることにしている。

このようにすべてのものは生命エネルギーの表出で、そこには振動がある。

振動というと無機質な感じを受けるが、脈動というと生命の息吹が感じられる。実際、星や溶岩に感じたのは、脈動であり、それぞれの生命の鼓動だった。振動数とは、言ってみれば脈拍に相当する。

バシャールによると、人には各個人それぞれに固有の振動数がある。大部分の人類の振動数は平均して7万6000回／秒程度である。意識の進化や霊的な成長を探究している人の多くが10万回／秒を超えている。中には17万〜18万回／秒に達している人もいる。いわゆるマスターと呼ばれている人々、仏陀やイエス、クリシュナ、ヴォヴォーカ（ネイティブ・アメリカンの聖者）は20万回／秒以上だそうだ。

こういうふうに数値で言われるとわかりやすい反面、覚醒するには18万回／秒まで上がらないといけないとか言われると、イヤーな感じを持つ人もいるのではないだろうか。数値目標を与えられ、それに向かって頑張るということに抵抗を感じる人もいると思う。なにか受験のときの偏差値や、営業マンにとっての営業成績とかを思い出させて、人によっては、またかよと辟易《へきえき》するかもしれない。

そもそも、数値目標に向かって頑張るというのはあまりにこの世的な発想に思える。

覚醒とは18万回／秒に達することだと言われると、振動数を上げることが良いことで、みなー様に頑張らなければならないことになるのだが、はたしてそうなのだろうか？

振動数の低い人はダメで、高いほうがいいのだろうか？

この点については後でじっくりと考察することにしたい。

覚醒するという観点から言えることは、良いとか悪いとかの価値判断なしで、18万回／秒になる必要があるということである。


話を続けよう。バシャールによると、物質世界は振動数で6万回／秒から33万3０００回／秒に相当する。

物質世界は実は、振動数の低い第3密度の世界と高い第4密度の世界に分かれる。

第3密度の振動数は6万〜15万回／秒、第4密度は18万〜25万回／秒で、両者の間には移行領域（15万〜18万回／秒）がある。

これを見てわかるように、人類は今、第3密度の下のほうのレベルにいる。

バシャールは覚醒とは振動数が18万回／秒になることとするが、それは**第3密度から第4密度の一番下のレベルへ上がることを意味する。**

つまり、大ざっぱな言い方をすれば、覚醒とは第3密度から第4密度へ移行することだと言える。

後でお話しする予定だが、２０１２年末の古代マヤ暦の終焉に関連して、人類のアセンションということがさかんに言われていた。

バシャールによれば、アセンションとは**人類が第３密度から第４密度へ上がることである。つまり、覚醒する**ということである。

アセンションは今まさに進行中で、今、その膿出しの過程を通過しているところだ。

第３密度と第４密度の違い

それでは、第３密度の生命体と第４密度の生命体には具体的にどういう違いがあるのだろうか。

両方とも同じように肉体を持つが、肉体の振動数が違うので、私たちのような第3密度の生命体が第４密度の生命体を見ると、半透明とか、光り輝くように見えるとのことだ。

両者には肉体だけでなく、意識の状態にも大きな違いがある。『バシャール×坂本政道』で、その点についてずばり尋ねている。その部分を載せよう。

****

坂　本　では、7万6000回／秒の平均的な人間と、18万回／秒の人間の差はどういうところに現れるんですか。人間性や行動パターン、あるいは欲に対する考え方、その辺の違いを教えてください。

バシャール　これから私たちが言おうとしていることは、とても一般化されたことです。明らかに一人ひとり個人差があります。

しかしながら、一般的に申し上げると、物理的な現実の低いレベルの振動数で生活している人々は、自分自身を力づけるというセルフ・エンパワーメントのレベルといまだにつながっていません。人生の多くの分野においてそうです。

彼らの決断は、その多くがおおむね怖れを土台にしています。それゆえ、より強いネガティヴな信念体系にもとづいた、より強いネガティヴな感情を経験することがあるでしょう。

また、彼らはこの物理的な現実がすべてであると強く信じているかもしれません。

あるいは、たとえ何らかの宗教やスピリチュアルな信念をもっていたとしても、自分は非力なのだという思いや怖れにもとづいた信念をいまだにもっているでしょう。

たとえば、死んだあとには罰を受ける、というような信念を。

一方、高い振動数の人はふつう、バランスや自由、選択、誠実さ、責任に関連した信念をもっています。

つまり、低い振動数の人はいわば悲観的な傾向があり、高い振動数の人は楽観的な傾向があるのです。

低い振動数の人は、より困難な状態を生みだすような信念をもつ傾向があり、下向きのらせんを描いています。

一方、高い振動数の人は、ものごとを簡単に楽に創造することができるという信念をもち、上向きのらせんを描いています。

低い振動数の人は、何かを起こすためにはものごとをコントロールする必要があると信じています。

一方、高い振動数の人は、自分がすべきなのは、それが起きてくることをただ許すこと、それが起きるのにまかせることだと理解しています。

低い振動数の信念体系をもっている人がポジティヴな方向への変化を望んでいるとき、その変化は大変動、破滅的なかたちで起きてくる傾向があります。

すでに高い振動数をもっている人がさらに拡大し、よりポジティヴな変化が起きることを望んでいるとき、彼らのもっている信念体系のために、シンクロニシティやミラクルやマジックのようなかたちで変化が起きてくる傾向があります。

****

ということである。かなり大きな違いがあることがわかる。ここに出てくる違いを表という形にまとめてみた。

『バシャール×坂本政道』の他の部分で第3密度と第4密度の違いについて、さらにいくつか挙げている。それらは、

●第4密度では「真実の自己」とつながっているが、第3密度ではつながっていない。

●第4密度では「自分が自分の現実をつくっている」ことを知っているが、第3密度では知ら

ない。
これらも表に含めてある。

第3密度（覚醒していない）	**第4密度（覚醒している）**
「真実の自己」につながっていない	「真実の自己」につながっている
「自分が自分の現実をつくっている」という認識を持っていない	「自分が自分の現実をつくっている」という認識を持っている
怖れを土台にした考え方	喜びを土台にした考え方
自分は非力だと信じている	自分には力があることを知っている
ネガティヴな信念を持ち、ネガティヴな感情を体験する	ポジティヴな信念を持ち、ポジティヴな感情を体験する
物質世界がすべてだと信じている	物質世界以外にもさまざまな世界があることを知っている
悲観的、否定的	楽観的、肯定的
何をするのも困難	何をするのも楽
無理に強いる	流れに任せる
大変動や破壊的な形で変化が起こる	シンクロニシティやミラクルの形で変化が起こる

いくつもの違いがあるが、最も根底にあるものは何だろうか。

それがあるからこの表の他のすべての違いが導かれるというような基本となる要素は何だろうか。

それは、表の一番右上に挙げたが、「真実の自己」とつながっているかどうかである。自分の真実の本質と整合しているかどうかである。

「真実の自己」とつながっているかいないかの差が、その他の差として出てくる。

その説明に入る前に、まず「真実の自己」とは何かについてお話ししよう。

真実の自己とは

「真実の自己」とは、「自分の真実の本質」とも「自分の真実の芯の部分」とも言い換えることが出来る。無条件の愛のエネルギーそのものである「大いなるすべて」と調和が取れている部分である。

言ってみれば、「大いなるすべて」のかけらが私たちの中にある。

ここで、「大いなるすべて」とは、大宇宙とか森羅万象と言われるものであり、「創造の源」と呼ぶこともできる。すべての源である。

「真実の自己」は「大いなるすべて」のかけらではあるが、本質的に同じものである。

私はこれまでヘミシンクでさまざまな体験をしてきたが、何回かこの「真実の自己」とつながったことがある。

ただ断っておくが、常につながった状態にいるのが覚醒なので、覚醒したわけではない。第4密度の意識状態をかいま見たという程度だと思う。

初めてつながったときの体験を紹介したい。それは『胎児退行体験』というヘミシンクCDを聴いて、生まれる前の胎内にいたときの自分に戻ったときのことだ。

ちなみにこのCDはアクアヴィジョンのオリジナルCDで、モンロー・プロダクツと共同開発したものである。

胎内に戻った。

何か大きなものとしっかりとつながっていて、安心感があり、愛されていることが感じられる。

さらに、その前へと戻る。

すると、自分が純白に光り輝く球のような形の存在になった。

それは、命の輝きにあふれ、創造力と好奇心に満ち、喜びいっぱいで、あふれんばかりのエネルギーを持ち、元気に動き回っている。大いなる可能性を持ち、期待感でワクワクしている。

生命エネルギーそのものの小さな塊なのだ。それは小さいが、でも、創造の源と同じエネルギーからできている。自分の本質は純粋な生命エネルギーだ。

「自分はこんなに大きな可能性とエネルギーに満ち満ちていたのに、今の自分は一体どうしたことだ。もっと全世界で大活躍しないと期待に応えていない！」

と強く反省させられる。

それほどの可能性を秘めているのに、それをさまざまな信念や価値観などでその発露を制限しているのだ。

「真実の自己」とは、私がここでつながることができた純粋な生命エネルギーのことである。自分の本質と言い換えることもできる。

２０１４年からアクアヴィジョン・アカデミーではインナーチャイルド・コースと呼ばれる１日コースを始めた。それに参加した際にも、「真実の自己」につながる体験をした。自分の内面深く入っていくことで、アクセスできる。もちろん他にもやり方はあると思う。

ここで、私が直感した「真実の自己」の特徴を列挙してみたい。

●純白に光り輝くエネルギー
●純粋な生命エネルギー
●命の輝きにあふれている
●創造力と好奇心に満ちあふれている
●喜びいっぱい
●あふれんばかりのエネルギーを持つ
●大いなる可能性を持ち、期待感でワクワクしている
●小さいが、「大いなるすべて」と本質は同じで、同じエネルギーからできている

この最後の特徴から、覚醒し「真実の自己」と常につながると、

●自分と宇宙は同じだ。大宇宙、大自然と一体だ

という感覚を持つようになり、心の底からの安心感、安堵感に常に満たされているようになる。

覚醒した状態とは、つまり第４密度とは、「真実の自己」と常につながった状態である。そういう状態を想像していただきたい。常に喜びに満たされていて、常に創造エネルギーに満ちあふれているのである。

なんでも可能と思えるだろうし、実際、なにごとも楽に実現できる。なにかを実現しようと思ったら、それが起きるのにまかせればいいのだ。シンクロニシティやミラクルという形でそれが実現することも多い。「現実は自分がつくっている」ことを実感するだろう。

このように見てくると、第３密度と第４密度を比較した表に出ている第４密度の特徴のすべてが、「真実の自己につながっていること」から出てくることがわかる。

だから、第４密度の特徴のすべての根底にあるのは、「真実の自己につながっていること」なのである。

そして、それは本来の自分を思い出すということ、すっかり忘れていた本当の自分を取り戻すということに他ならない。覚醒とは、忘れていた真実の自分を思い出すことなのである。

パワフルな真実の自己

私が「真実の自己」につながったときに、まず感じたのは、「いやー、申し訳ない」ということだった。

自分にはこれだけのパワーと能力、可能性があるのに、現実世界でこれまでに実現したことは、その100分の1にも満たない。できてなくて、すみませんという思いだった。

なんやかんや理由をつけて、あるいは誤った信念や思い込み、怖れのために、その持てる力をほとんど発揮していないのである。自分の持つ偏見や固定観念が「真実の自己」をがんじがらめに縛りあげて、「真実の自己」が力を発揮することを徹底的に抑え込んでいる。

「真実の自己」がストレートに表現されたら、不可能なことは何もないだろう。それぐらいパワフルなのが「真実の自己」なのだ。


この「真実の自己」の持つ力がどれほど強力かを実際に証明してくれた人がいる。

『喜びから人生を生きる』（ナチュラルスピリット）という本をご存じだろうか。

著者のアニータ・ムアジャーニは4年に及ぶがんとの闘いの末に2006年2月2日に昏睡状態に陥った後、臨死体験をして生還した。驚くべきことに、その後、数日のうちにがんはすべて消え去ってしまったのだ。これは精密検査の結果が残っていて、事実だと医学的に証明されている。

がんがすべて消えたことについてアニータは次のように言う。

「私のがんが治ったのは、心の状態や信念が変わったことよりも、自分の真の魂が輝き始めたおかげだとはっきり言いたいと思います。多くの人から、プラス思考のおかげで治ったのかと尋ねられましたが、そうではありません」

彼女は臨死中に本当の自分を体験したと言う。彼女はそれを「無限の自己」と呼ぶ。これは無限で、強力で、壊れたり傷ついたりすることのない完全な存在である。宇宙エネルギーと一つであり、宇宙エネルギーそのものである。宇宙と自分が一つで同じものであると気づいたことこそが、がんを治したのだと彼女は言う。

アニータによれば、自分が「無限の自己」だということに気づけなくしているのは、自分を制限するような思い込みだということだ。それは、ちょうど私が「真実の自己」の力をまったく発揮できていないのは、誤った信念とか思い込みだと思ったのと同じである。

私は彼女の言う「無限の自己」は、バシャールの言う「真実の自己」と同じものだと思う。両者とも宇宙エネルギーそのもので、非常にパワフルなのだ。

覚醒した後は、何をするのか

第4密度に上がった段階でさまざまな選択肢がある。

ひとつは第4密度の星へ転生し、そこでの生命を体験する。宇宙には第4密度の生命系は数多くある。バシャールたちの住むエササニもつい最近までは第4密度だった。今は第5密度へ移る途上にある。

死後世界の中の光あふれる世界であるフォーカス27で働くという選択肢もある。ここにはいろいろな施設があり、死んだ人が次の生へ移行するのを手助けする。それ以外にも種々の役割があり、多くの人が働いている。その一員になるわけだ。

ガイドとなってまだ覚醒していない人たちを導くという選択肢もある。

覚醒には何が必要か

以上見てきたように、覚醒とは「真実の自己」と常につながった状態になることだと言える。

それでは、そうなるには何が必要なのだろうか。「真実の自己」と常につながった状態になるには何が必要なのだろうか。

答えは、実にシンプルだ。

「真実の自己」とつながることを阻んでいる障壁を取り除けばいいのである。

一つの比喩で言うと、こんな感じだ。

＊＊＊＊＊＊＊＊＊＊＊＊＊＊＊＊＊＊＊＊＊＊＊＊＊＊＊＊＊＊＊＊＊＊＊

自分の内面奥深くに「真実の自己」がある。そのまわりには分厚いイバラの層が何重にも覆いかぶさっていて、「真実の自己」の輝きは外からはまったく見えない。「真実の自己」があることすらわからなくなっている。

イバラの層は強固で、簡単には取り除くことも穴を開けることも難しい。

イバラの層の奥にある「真実の自己」につながり、「真実の自己」がストレートに輝くようにするには、どうするか。それはイバラの層を取り除けばいい。

イバラの層に一部だけ穴を開けて「真実の自己」に一瞬つながることはできる。ただ、穴はすぐに埋まってしまうのか、このつながりは長く続かない。

イバラの層がどれだけ取り除かれたかが、振動数がどこまで18万回/秒に近づいたかに表される。

恒久的につながり、「真実の自己」が光り輝くには、このイバラをすべて取り除く必要がありそうだ。

****

こういうイメージである。

それでは、「真実の自己」につながるのを阻む要因とは何なのだろうか。この比喩で言うと、イバラの層である。「真実の自己」のまわりにある障壁と言ってもいい。

実は、その答えはすでにお話ししてある。

要因は、自分を制限するような信念や思い込み、怖れといったものである。

それらは、自分が胎内に宿り、この世に生まれ、成長して大人になるまでの間に身に付けたものや、あるいは、他の生（過去世）から持ち越してきたものもある。

より具体的に言えば、家庭や学校、社会から教え込まれた価値観、物の見方の場合もある。あるいは、今生や別の生での体験や心の傷が元になって身についた信念やそれが原因となっている怖れという場合もある。

順にお話ししていこう。

自分を制限する信念や思い込み、怖れとは

（1）地球生命系での輪廻で身についたもの

自分が「真実の自己」とつながることを阻む要因の中で、一番強烈なもので、すべての根底にあるものは何だろうか。

生存に関するもの

それは、**自分の生存、サバイバルに関する信念であり、それから出る怖れ**である。生存欲と一般的に呼ばれるものだ。

具体的に言うと、

①死んだら終わりだという信念
②自分が生き残りたいという強い欲求
③死に対する怖れ

これらは、今回生まれてから身についたというよりは、地球生命系で何度も輪廻してきた間に身についたものと言える。つまり、自分の中に相当深くしみついているように思える。その分、直接表に出てこない場合が多い。

たとえば、日々、死の怖れにさいなまれている人はほとんどいないだろう。それよりも、これからお話しするその派生形、たとえば、震災の怖れや失業の怖れなど、より具体的な怖れを持つ人の方が多いと思う。

ただ、よく考えれば、それは結局、死にたくないという思いがその底にあることがわかるだろう。たとえば、地震が怖いのは、死が怖いからだ。

それでは、①～③の派生形として生まれるさまざまな信念、怖れについて見てみたい。

まず、信念や思い込みとしては、

●食べないと生きていけない。金がなければ生きていけない。働かないと生きていけない。
●自分には十分にない　⇓　できるだけ金を儲けたい。財産を築きたい。
●世の中、食うか食われるか、弱肉強食だ。他人を蹴落としてでも生き抜かないといけない。
●いい大学に入り、いい会社に勤めないといけない。出世したい。権力を持ちたい。
●健康第一。
●いつまでも若くいたい。

など。

怖れや不安、心配としては、

●けがや病気になったらどうしよう。仕事ができなくなったらどうしよう。

●がんになったらどうしよう。
●リストラされたらどうしよう。
●事業で失敗したらどうしよう。成果が出なかったらどうしよう。
●借金が返せなくなったらどうしよう。
●不況になったらどうしよう。
●事故や災害に遭ったらどうしよう。
●大地震が起こったらどうしよう。

など。他にもたくさんある。

このように自分の生存に関する強烈な信念とそれから導かれる死の怖れが根底にある。これらから派生する信念と恐れが数多くある。

過去世での特定の体験が原因となっているもの

こういうすべての根底にあるような信念と怖れとは別に、個別の体験が元になっているものもある。

私たちはこれまでに何度も生命を体験してきている。特に人間としての生も多数経験してきている。

そういういわゆる過去世でのさまざまな体験が今生での信念や考え方、行動思考パターン、あるいは心配、不安、トラウマの元になっていることがある。

過去世での具体的な体験内容とその影響、さらにその程度については、個人個人で大きく異なっている。潜在意識の奥深くに隠れていて、影響がまったく表面化していない場合もある。

(2) 今生で身についたもの

自分の生存に関する①〜③が根底にあり、さらに過去世での体験が元になったさまざまな信念や考え方、心配、不安、トラウマがそのまわりを覆う。

それだけでなく、今回生まれてから（あるいは場合によってはお腹の中にいるときから）身に付いたものが多々ある。

それらは**親から刷り込まれた信念や怖れ**であったり、**学校や社会から刷り込まれたもの**である。

生まれたばかりの赤ん坊は自分の欲求をストレートに表現し、泣いたり、笑ったり、体を動かしたりする。

ところが、自分の行動に応じて、親が喜んだり、困ったり、怒ったり、悲しんだりするのを見ることで学習し、できるだけ親の喜ぶことをし、困ったり、怒ったりすることをしないようになる。つまり、良い子になろうと努めるようになる。

その結果、親の言うことが絶対で、それをそのまま真に受けて信じ込むようになる。

特に、親の自分に対する評価（ポジティヴであれ、ネガティヴであれ）はそのまま無意識下に刻印されてしまうことが多い。

たとえば、「だからあなたはだめだ」とか、「あなたはいつも○○ね」、「○○ちゃんはできるのに、何であなたはできないの」、「あなたは足が遅いね」、「字が下手ね」など。

逆に、「絵がうまいね」、「頭がいいね」というようなポジティヴなものもそのまま刻印される。

また、学校での他者との比較から自分で自分を評価して、自分はこうだと思い込むということもある。

私の場合は、小学校低学年のときに足が遅くて、50メートル走でいつもビリだった。だから、自分は足が遅いものと思い込んでいた。３月生まれだったのが一因かなと今では思ってるのだが、当時は自分は足が遅いと信じていて、体育は大嫌いだった。

それが、中学になるとクラスで速い方になり、クラス対抗のリレーの選手に選ばれたことがあった。ただ、小さいときに身についた信念は頑強で、「おれでほんとにいいの？」とかなり違和感を覚えた記憶がある。

「三つ子の魂百まで」とは良く言ったものだ。

親や学校、社会から刷り込まれた、自分を制限する信念や思い込みの例をいくつか挙げてみる。

●私には○○はできない。○○は苦手だ。私は能力がない。たとえば、勉強、語学、運動、音楽、絵画、書道、工作、人前で話すこと、知らない人と話すこと。
●私は○○には値しない。たとえば、称賛、感謝、成功、幸福、健康、美貌、名声、名誉、地位、お金、財産、子宝。
●苦労しないと良い結果は得られない。簡単に良い結果を得たらいけない。
●金を儲けることは悪だ。株で金儲けをするのはいやしい。

完璧にすべてができる人はいないので、何がしかに対して苦手意識や劣等感を抱いている人は多いのではないだろうか。

勉強はできるが、運動は苦手とか。字はうまくないとか。太ってるとか、やせてるとか。色が黒いとか。足が短いとか。

私は小学校のころ、体育全般が苦手だったが、特に鉄棒は大嫌いだった。

低学年のころに前回りができなかったのだが、あるとき、前回りをできない人がみんなの前でできるまでやらされたのだ。恥ずかしいやら、泣きたいやらで、そのときから、鉄棒は大嫌いになった。

こういうことをさせる無神経な先生は今もいるようだ。こういう先生のために、一体全国で何人の人が被害にあっているのだろうか。子供のときに植え付けられた信念は一生引きずるということを彼らはどれだけ理解しているのだろうか。


中には、「自分は存在してはいけない」という思い込みを親から刷り込まれているケースもある。

原因は、子どものときに親から無視されたり、「あなたを生みたくなかった」と言われたり、虐待を受けたりしたことが挙げられる。

そのために自殺願望があったり、自殺未遂を繰り返したり、摂食障害になったり、うつになったり、依存症になったりする。

こういう人でも根底には生存欲を持っているので、あるときは生きたいと強く思い、あるときは死んでしまいたいと強く思う。生きたいという思いが強いときは、「死にたくなる自分」

のことをひどく怖れている。

ただ、いずれ「死にたい自分」に飲み込まれてしまう。大きな渦の中にぐいぐいと引き込まれていくような感じだ。まわりの人は何も手を施すことができず、無力感を味わうことになる。

(3) 地球以外の星での生に起因するもの

人は地球に来る前に多くの星で生きてきている。

プレアデス星団やシリウス、こと座のヴェガ、白鳥座のデネブ、オリオン座のリゲルやミンタカ、あるいはその他無数にある名もない暗い星々。これらを転々として今、地球にいる。

そういった地球以外の星での数多くの生で身についた信念が、今の自分を制限している場合もある。

かなりの昔のことで直接影響していないだろうと思うかもしれないが、私の場合はそうではなかった。これについては後でお話ししたい。

これらの多くは潜在意識に隠れている

自分を制限するものが具体的に何なのかは個々人で大きく異なる可能性が高い。人にとって重要な要因が自分にとってはたいした問題ではないかもしれない。その逆もありうる。

ただ、自分を制限する信念や怖れと、その原因となった体験の中には潜在意識に隠れているものもあるため、容易に自覚できないことがある。そういうものこそが自分を縛っている元凶のこともある。

どういう姿になるのが理想なのか？

ところで、自分を制限する信念や怖れがないという意味では、生まれたばかりの赤ん坊は、普通はそういう制限や怖れからかなり自由である。純粋無垢な印象を受ける。

はたしてこういう状態が理想なのだろうか？

うちには2歳になる孫がいるが、つい最近まで、お皿を落としたら割れる、割れたら困るとか、レストランで大声を出したら他のお客に迷惑だとか、という物質界での常識はほとんど身についていなかった。汚い話だが、トイレに行くという常識すら赤ん坊は持ってないわけだ。

自分を制限するということを知らないから、欲求のままに、やりたいままに生きている。

当然のことながら、物質界で平和に生きていくには、自分を制限する信念ではあるが、身につけなければならない信念は多々ある。人を傷つけたり殺したりしてはいけない、人の物を盗んではいけない、他人の迷惑になることをしてはいけない、公共の利益を害してはいけない、などなど。

自分を制限する信念から自由になるという場合、この手の信念は手放す必要はないだろう。

それでは手放すべき信念とそうでない信念の区別はどうつけるのだろう。

鳩山由紀夫元首相は前々からその発言や行動が問題視されてきて、宇宙人と揶揄されている。ちょうど今この部分を書いているときも、クリミアを訪問して、その（日本や西欧社会の）常識から逸脱する言動が政府や民主党を困惑させている。ただロシアの常識から見れば、正当な言動なのかもしれないが。

彼は、世間の常識という自分を制約する信念からは相当自由に見える。もちろん彼自身の別の信念に縛られていて、こういう言動をしているのかもしれない。

自分を制限する信念や怖れの中で、手放すべきものとそうでないものの区別は、結局のところ、「真実の自己」が輝くのを制限するか否かで判断すべきだと思う。つまり、「真実の自己」に照らしてみることで、自ずとわかるものなのだ。

「真実の自己」の持つ愛情、思いやり、創造力、好奇心、純粋さといった輝きを抑え込む信念であれば、それは手放すべきものである。そうでなければ、手放す必要はない。

具体的にどれは手放し、どれは手放さなくていいかは、「真実の自己」が教えてくれる。バシャール流に言えば、ワクワク感が教えてくれるということになる。

どうやって取り除くのか

それでは、どうやってこういう信念や怖れを取り除くのだろうか。実のところ、取り除くという言葉は適切でない。結果として消えるとか、溶けるというほうが合っていると思う。

その方法は大きく分けて2つに分類できる。

(A)潜在意識にアクセスできる状態で、自分を制限する信念や怖れを調べ、さらにその原因となったことがらを調べ、それに気づき、対策を施す(救出する、癒すなど)。その結果、原因が消える。

(B)潜在意識に光(生命エネルギー)を注入し、隠れている信念や怖れを表面化させる(顕在意識に上《のぼ》らせる、あるいは、物質界で形をとって現れるようにする)。それに気づき、対策を施す(癒すあるいは手放す)。

具体的にどうやるのかは、古今東西、数限りない方法が実践されてきている。仏教やヨガなどが教えるさまざまな行法も目的とすることは同じだと思う。ただ、長年伝わってくる間に本来の目的を忘れ、形だけになり下がってしまったものも多いように見受けられる。

この方法でなければだめだとか、これが唯一絶対の道だとか、そういうものではない。自分に合ってると思える方法を選ぶのが一番いい。

たとえば、バシャールは「ワクワクや情熱に従って生きる」という方法を勧めている。ワクワクに従って生きようとすれば、自分が持っている「真実の自己」に整合しない信念が見えてくるので、それを変えていけばいいというのである。行動しないことには、何も起こらず、何も見えてこないから、まず一歩でもいいからワクワクに従って動いてみろと言う。

バシャールの提唱する方法が自分に合っていると思う人は、それを実行すればいい。

私はヘミシンクという方法が気に入ったのでそれを中心にやってきている。ヘミシンクが良いと思う人はそれをやればいいが、別の方法が自分に合ってると思う人はそれをやればいい。

この点について、バシャールは面白いことを言ってる。『バシャール×坂本政道』からとる。

ヘミシンクやその他スピリチュアルな探究のためのさまざまなツールは、高い振動数を提示しています。

しかし、それらは個々人が振動数を変えることを強いるものではありません。

自分の振動数を上げるために、その提示された振動数に自分自身を合わせるかどうか。それは個々人が選択しなければならないのです。
ただ、自分の振動数を上げるためにひとつのテクニックに惹かれたということは、ほとんどいつの場合でも、「そのテクニックによって振動数を上げることを自分が許可したのだ」ということを意味しています。
もし振動数を上げることを許可する意志がないのであれば、そもそものようなテクニックに魅力を感じることはないでしょう。自分の振動数を上げるためのテクニックやツール、儀式などはほとんどすべて、ある種の許可証のようなものなのです。「自分の振動数を上げていいんだよ」という許可証を、そのアイデアを使うことによって自分自身に与えているのです。

ということで、自分が気に入った方法を使うのが最善だということだ。

ヘミシンクを使う方法

ヘミシンクの原理については後でお話しするが、潜在意識にアクセスできる状態に導いてくれるので、（A）、（B）共に実践しやすい。

(A)について

まず、(A)については、2つの方法がある。救出活動と「リリース&リチャージ」と呼ばれる方法である。

(1)救出活動

後で死後世界の構造をお話しするが、死んだ人の中にはフォーカス23~26と呼ばれる領域に囚われている場合がある。そういう人をフォーカス27と呼ばれる、光あふれる世界へ導いていくことを救出活動と呼ぶ。

フォーカス27まで来ると、次の生へ移行してゆくことができ、大きな自由度が得られる。

自分を制限する信念や怖れの原因が過去世にある場合、過去世の自分がフォーカス23~26に囚われていて、その人を救出することで(場合によってはさらに癒すことで)、信念や怖れから解放されることがある。

簡単な例で言うと、過去世の自分が川でおぼれ死に、そのままフォーカス23に囚われていた。その自分を救出すると、それまで持っていた川に対する漠然とした怖れがなくなった。こういうケースである。

過去世ではなく、今の自分の一部がフォーカス23に囚われていることもある。たとえば、子どものころにつらいことがあったとすると、そのときの自分が囚われていることがある。

成人してからでも、苦しかったときの自分が囚われていることがある。

つらかった体験、苦しかった体験が、自分を制限する信念や怖れの原因になっていたり、心のさまざまな問題の原因となっている場合がある。そういう場合、囚われている自分を救出することで、こういった問題が解消する可能性が高い。

(2) リリース&リチャージ

もう一つの方法は、リリース&リチャージと呼ばれるものである。

ヘミシンクを聴いて潜在意識にアクセスできる状態（たとえばフォーカス10という状態）に入り、箱を想像する。どのような箱でもいい。その箱の中は自分の潜在意識につながっていると考える。

自分に不要になった恐れや信念を取り出し、手放そうと意図する。

箱に手を入れて、つかんだものを取り出し、上のほうへ手放す。

つかんだものが何か、わかることもあるし、わからないこともある。どちらでもかまわない。

また、何もつかんだ感じがしないこともあるが、それでも取り出して、手放すという行為を実際に想像する。

この方法は単なる想像ではないかと思うかもしれないが、意外と効果がある。

(B) について

次に(B)潜在意識に光(生命エネルギー)を入れる方法について。これにもいくつかやり方がある。

(1) イメージング

ヘミシンクを聴きながら、自分の頭のてっぺんへ宇宙から光(生命エネルギー)が流れ込んでくることを想像する。エネルギーはさらに全身へと行き渡る。

次に、足の裏を通して体内へ大地から光(生命エネルギー)が流れ込んでくることを想像する。エネルギーはさらに全身へと行き渡る。

エネルギーは特にハートを満たすと想像してもいい。

(2) レゾナント・チューニング

ヘミシンクを聴きながら、吸う息と共に、まわりにある光り輝くエネルギーを体内に取り込み、全身に行き渡らせる。

吐く息と共に古くなったエネルギーをまわりへ排出する。

息を吐くときにアー、オー、ウーなどの声を出す。声で声帯だけでなく、体がかすかに振動するようにする。

声の振動が肉体やエネルギー体をマッサージし、エネルギーの流れの詰まりをほぐす。

(3) 高次のエネルギーにあふれる場へ行く

世に言うパワースポットは、振動数の高いエネルギーにあふれた場所であることが多い。

もちろん中にはそうではないところもあるので、自分で感じるようにしたほうがいい。

これまで何か所かパワースポットに行ったが、屋久島とハワイ島、伊勢神宮では格段に高いエネルギーを感じることができた。

高い振動数のエネルギーの場所に行くと、私の場合、意識が上のほうに引き上げられ、高次の生命存在と交信しやすくなる。

そういうところはいるだけで、体内にエネルギーが入ってくる。さらに、意図的に（1）や（2）を行なえば、多くのエネルギーを取り込むことができる。

ピラミッド構造を使うことで同じ目的を達成することも可能だ。

物質世界のパワースポットではなく、高いフォーカス・レベルへ行くことで高次のエネルギーを浴びることもできる。

ピラミッド構造と高いフォーカス・レベルでの体験について、2冊目か3冊目に書くつもりだ。

速く行く人VS遅く行く人

ところで、人により、覚醒への道を速く進むように見える人もいれば、なかなか進まないように見える人もいる。実際、臨死体験をしたアニータのように、一瞬ですべての要因がなくなったと考えられる場合もある。ただ、そこに至るまでの彼女の道のりについて私たちは知る由もない。最後は一瞬だったかもしれないが、それまでに長い道のりがあったのかもしれない。

結果だけ見て安易に比較するのはやめたほうがいいだろう。

人のことはわからないので、この本では私の話を中心にお話ししていきたい。私がどういう道のりを経てきたのかという話である。

ここまでの歩み

実は、今から思うに、私が２００１年以来モンロー研究所の数々のプログラムに参加してここまでやってきたことすべては、この要因（自分を制限する信念や怖れ）をひとつずつ取り除くという作業だったと思う。

それは、さまざまな囚われから自由になっていく道でもあった。

それはまた、時間、空間を超えて、より広範囲に存在する自分を思い出す過程でもあった。

まだ道半ばではあるが、以下の章で、ここまでの歩みをお話ししていこうと思う。

通常なら時系列に体験した事柄を書いてゆくのだろうが、それは死後体験シリーズに始まる私の30数冊の本の中ですでに行なってきた。

ここでは時系列にお話しするのではなく、以下のテーマごとに整理した形にしたい。

今になって初めて、より深い意味がわかったという体験もある。いくつかの体験がつながっていたことに、後で気がついたということもある。かなり早い段階からメッセージは来ていたのに、当時は気がつかなかったということもある。

そういう理由で、ここでは、テーマに分けてお話ししようと思う。

①深い意識状態を体験する
②ガイドの存在に気づく
③死の怖れから自由になる

④幼少期の傷を癒す
⑤囚われている過去世を救出する
⑥多くの過去世を知る
⑦地球外の天体での過去世を知る
⑧I／Thereを知る

実際のところは、②から⑧までは同時並行に進展していた。②が済んでから③へというふうに進んだわけではない。だから、少し読みにくいところもあるかもしれないが、ご了承いただきたい。さらに、④の幼少期の傷を癒すというテーマは進捗がもっとも遅かった。実は、このテーマが自分にとってもっとも難しいものになった。

そのため、あらためて、3冊目のテーマとして扱おうと思っている。

本書はここに挙げたテーマについて順にお話しするが、続く2冊では、さらに広い範囲に存在する自分について知ることや、オリオン大戦とダークサイドの宇宙人の話、ピラミッドを使った覚醒方法、サディーナというガイドから教わった方法などについてお話しする予定である。

第2章　深い意識状態を体験する

ロバート・モンローとヘミシンク

ヘミシンクを開発したロバート・モンロー（1915―1995）について、まずお話ししたい。

彼はラジオ放送の番組製作会社を経営していたアメ リカ人である。

50年代に入り、睡眠学習に興味を持つようになり、自ら被験者になって、音を使って人を眠らせる方法を研究するようになった。それが引き金となり、１９５８年、42歳のとき、肉体から外へ自分が出るという体外離脱を体験した。その後も頻繁に体脱を体験するようになる。

モンローは自らの体験を3冊の本に書き著している。それらは順に、『ロバート・モンロー「体外への旅」』（ハート出版）、『魂の体外旅行』、『究極の旅』（以上、日本教文社）である。彼は体外離脱を通して、以下のような通常では得られないような知見を得た。

（1）人は肉体を超える存在である。人は肉体の死を超えて生き続ける。

（2）死後世界はいくつもの世界に分かれている。人はその中のフォーカス27と呼ばれる領域で休息し、計画を立て、次の生へと向かう。

（3）我々はみな、はるかな過去から数限りない生を体験してきている。

（4）地球生命系は学習の場であり、そこから卒業することができる。

（5）生命系は地球以外にも物質、非物資を問わず無数にある。

（6）我々は大きな存在から分離して存在し始めた。未知の領域を探索し、経験したことすべてをいずれの日にか大きな存在へ持ち帰る。

モンローはこういった知見を多くの人に伝える必要性を強く感じたが、単に本に著すだけでは人の信念を変えるまでには至らないと思った。信念を変えるには、みなも自ら体験するしかない。そこで、彼は音を使ってそれを実現しようと思い立った。

ヘミシンクの開発

当時、心身状態と脳波の間にある程度の相関が見られることがすでにわかっていた。脳波の変化の速さに応じて、脳の状態はベータ波、アルファ波、シータ波、デルタ波の4つに区分される。変化の速さは1秒間に何回変わるかという回数で表される。その回数をヘルツという。

ベータ波は13ヘルツ以上、アルファ波は7~13ヘルツ、シータ波は4~7ヘルツ、デルタ波は4ヘルツ以下である。目覚めた状態にはベータ波が、リラックスするとアルファ波が、浅い睡眠にはシータ波が、熟睡時にはデルタ波が優勢になる。

体外離脱に代表されるような通常とは異なる意識状態は、脳波で言うとシータ波からデルタ波に対応している。モンローは音を使って脳波をこういう状態へ導けないかと考えた。ただ、4ヘルツとか6ヘルツの音を直接聴かせても、人の耳には聞こえない。人の耳は20ヘルツ以下の音は聞こえないのだ。

そこでバイノーラル・ビート（両耳性うなり）という技術が使われた。これはステレオヘッドフォンを使って左右の耳に若干異なる周波数の音を聴かせると、周波数の差に相当する音が脳内で発生するというものだ。例えば、右の耳に100ヘルツ、左の耳に104ヘルツの音を聴かせると、両者の差である4ヘルツの音が脳内の脳幹という部分で生じ、脳波はそれに従う。

ヘミシンクでは、100ヘルツと104ヘルツといったひとつのペアだけでなく、7つ以上のペアがブレンドされている。

ヘミシンクではさらに音声によるガイダンスや効果音も目的に応じて挿入されていて、聴く人が特定の意識状態に入りやすくなるようにしている。ヘミシンクとはこういったすべてを複合した音響技術の全体を言う。

フォーカス・レベル

モンローはさまざまな意識状態を区別し、それぞれを単純に番号で呼ぶことにした。それがフォーカス・レベルと呼ばれる番号である。各フォーカス・レベルへ行くのに適したヘミシンク音が作られている。なおフォーカスはFと略記されることもある。

モンロー研究所の宿泊型プログラム

モンロー研究所の宿泊型プログラムには20種類ほどあるが、そのうち以下の5つが日本でもアクアヴィジョン・アカデミーで開催されている。

ゲートウェイ・ヴォエッジ

入門のプログラム。フォーカス10、12、15、21を体験する。

各フォーカスレベルはこうなっている（概略）

フォーカス 10
肉体は眠るが、意識は明らかな状態。自分の寝息が他人の寝息のように聞こえたり、肉体の感覚が薄れ、手や足がどこにあるのかわからないということが起こる。
フォーカス 12
知覚の広がった状態。意識が空間の束縛から自由になる状態。肉体や五感を超えて知覚できるようになる。たとえば、遠くの様子が見えたりする。また、直感、ひらめきという形で情報が来ることもある。ガイドに質問し、答えをもらいやすい状態。
フォーカス 15
時間の束縛がない状態。時間の束縛から離れて過去へも未来へも自由に行くことができる。自分の過去世を知ることができる。また、自分の本質にアクセスすることができ、やすらぎと安寧の中にひたることができると感じる人もいる。
フォーカス 21
この世とあの世を結ぶ架け橋、境界領域。ここでは、亡くなって向こうの世界へ旅立つ人たちや、亡くなって向こうの世界にすでに行った人たちの中で、ここまで降りてこれる人に会うことがある。

フォーカス 23 から 27
死者のとる意識状態であり、そこには死後世界が広がっている。
フォーカス 34 ／ 35
地球生命系への出入り口があるレベルである。すべての過去世や現世の自分の集合であるＩ／Ｔｈｅｒｅ（向こうの自分）が存在する。 数多くの地球外生命体がこのレベルに集まっている。今地球で進行中のアセンションを手助けするためや、観察するために来ているものもいる。
フォーカス 42
自分のＩ／Ｔｈｅｒｅと自分の関連する多くの人たちのＩ／Ｔｈｅｒｅの集合であるＩ／Ｔｈｅｒｅクラスターがある。太陽系を越えて銀河系内の多くの星に住む生命体たちにアクセスできる。スターラインズではここで宇宙ステーション・アルファ・スクエアード（SSAS）に搭乗する。このメモリールームでは自分の魂の歴史を教わることができる。ポータルルームではある時代のある場所へピンポイントで行き、そのときのことを超リアルに体験できる。
フォーカス 49
自分の属するＩ／Ｔｈｅｒｅクラスターが関連する多数のＩ／Ｔｈｅｒｅクラスターがつながり無限の海のようになっている状態。銀河系内や他の銀河に住む生命体たちにアクセスできる。多数のＩ／Ｔｈｅｒｅクラスターの集団を代表する存在たち（クラスター・カウンシルと呼ぶ）と会う機会がある。彼らは地上のさまざまな文化、文明で神的な存在たちとして把握されているような存在たちである。

ライフライン

死後世界（フォーカス23～27）を体験する。フォーカス23から26に囚われている人をフォーカス27へ救出する活動を行なう。

エクスプロレーション27

フォーカス27にあるさまざまな施設を訪れ､その機能を学ぶ｡死後の生まれかわりの過程や、今回生まれる前に立てた計画を知る機会がある。地球コアを探索し、さらにフォーカス34／35を体験し、地球外生命体と交流したり、I／Thereにアクセスする。

スターラインズ

フォーカス34／35、42、49、49＋を体験する。太陽近傍の星（シリウス、プレアデス星団、オリオン座の星々など）や銀河系、銀河系コア、アンドロメダ銀河をはじめとする他の銀河を訪れ、さまざまな生命体や天体自体と交流する。クラスター・カウンシルと会う。地球コアと銀河系コアの間のエネルギー的つながりを強化する。スターゲートを超えてさらに上のフォーカス・レベルへ行く機会がある。

スターラインズⅡ

スターラインズと同じフォーカス・レベルを体験するが、このプログラムではアセンションということに主眼を置く。SSAS内にあるポータルルームを使い、ある時代のある場所へピンポイントで行き、そのときのことを超リアルに体験する機会がある。

第3章　心の奥にある縦長のマリモ

ヘミシンクを本格的に聴き始めたのは２００１年４月にゲートウェイ・ヴォエッジに参加したときからである。6月にはライフラインを受け、10月にはエクスプロレーション27を受けた。

こういう感じで年に3回のペースで4年間、モンロー研究所を訪れて、さまざまなプログラムに参加した。

探索を始めた最初のころにガイドから見せられたものがある。ガイドとは自分のことを導く肉体のない（非物質の）存在のことである。各自に複数のガイドがついていると言われている。

まず、２００１年10月にとったエクスプロレーション27のあるセッションでのこと。

ガイドが「あなたのエネルギー体を見せてあげましょう」と言う。

エネルギー体とは肉体ではなく非物質の体のことを指す。

すると、目の前に縫いぐるみのようなものが現われた。その胸のところが毛むくじゃらになっているのだ。

なんのこっちゃと思っていると、ガイドいわく、

「エネルギーの流れが胸の部分で詰まっていて良くないですね」

エネルギー体の胸の部分が毛むくじゃらに見えたのは、エネルギーの流れる通路が詰まっていることを象徴しているのだろう。

風呂の洗い場の排水の部分に髪の毛が塊になって詰まっていて、水が流れないことがあるが、あれと同じ状態という意味だ。しかも毛は互いにがんじがらめになっていて、ちょっとやそっとでは解きほぐせないように見えた。

この同じプログラムの別のセッションでは、自分の霊的成長の進捗状況を見せてくれた。

フォーカス27で、ある部屋に入ると、机の上に何かの検査装置とディスプレイと思しき物が置いてある。

その前に座り、装置を覗き込むと、前のディスプレイにいくつも縦方向の棒グラフが出た。

それぞれの棒は霊的な成長という意味で、各分野での自分の進歩状況を示しているとのこと

だ。

「全般的によく進んでいますが、一個所ハートでの愛情について努力が必要です」と言われた。愛情を感じたり、表現したりすることがうまくない。その点でもっと努力をしなければならないという意味だ。

その後、いろいろなプログラムで折に触れ、「ハートが詰まっている」とか、「愛情の感受性が悪い」、「ハートにフィルターがかかっている」と指摘された。

私は他の人と比べても特にハートが詰まっているようだった。

ハートでの感受性が悪いことに関連して、普段の生活でハートを使ってないとも言われた。ハートで感じるということよりも、論理的な思考に走りがちだということである。

私はヘミシンクで非物質界の探索を始めたころは比較的見えるほうだった。見えないということで困ったことはなかった。過去世や死後世界の様子がフルカラーで見えたりした。

ところが回を重ねるにつれ、次第に見えないことが多くなった。

ガイドに言わせると、見えないのはハートを使わない癖のためだとのことだった。

そういったもろもろのことから、２００２年10月にハートラインを受講することにした。

このプログラムはタイトルが示唆するように、ハートを広げ、エネルギーの流れを良くし、愛情をうまく表現できるようにすることが目的である。私にぴったりのプログラムだった。あるセッションで次の体験をした。『死後体験』からその部分を要約する。

自分の内面へ入っていく。まず、怖れの層がある。

音声ガイダンスが言う。「ここはあなたの心の中の恐怖、怖れの層だ。ありとあらゆる怖れとその記憶が貯えられている。死の恐怖。人に会う恐怖。独りになる恐怖。暗闇の恐怖」

次にガイダンスに従い、下へ向かう。

地下のプールまたは貯水場みたいな場所が見える。明るい。水。柱が何本も見える。

ここは、これまでの自分のすべての記憶を貯えてある場所だ。

次いで暗い部屋へ。

天井から黒茶色の毛の塊みたいなものがいくつも下がっている。人の背丈以上ある。縦長のマリモといったところだ。何だろうか。

「自分で調べるように」

と、ガイドが言う。

「あっ、そうか。これはハートの詰まりか」

これは2001年のエクスプロレーション27で見せられたものと本質的に同じものだった。ハートの部分のエネルギーの流れが悪いということ。詰まっているということを表しているのだ。しかも、それは心の奥深く入ったところにある。

がんじがらめになっているだけでなく、中身をきつく締めつけているという印象だった。とてもほぐせそうに見えなかった。

先ほどのエクスプロレーション27では、「ハートでの愛情について努力が必要です」と言われた後で、特別レッスンを受けた。『死後体験』からその部分を載せる。

「ここには世界で一番大きな結晶がある。ここから愛のエネルギーを放射するので、それでハートを洗い清めるように」

高さ2、3メートルほどの結晶が見える。光を放射し出した。こちらの体に入ってくるが、何も愛情を感じなかった。少しがっかりした。

実はこのレッスンは非常に重要なことを教えてくれていた。

それは、

●フォーカス27には巨大水晶がある（後でわかるのだが、何か所かにある）。
●その水晶から放射される愛のエネルギーでハートを浄化すれば、ハートの詰まりの解消に役立つ。

自分を制限する信念や怖れを取り除く方法は大別すると（A）と（B）の2つあるということを前にお話しした。そのうちの（B）は、潜在意識に光（無条件の愛のエネルギー）を入れるということだった。

これを実際にやる方法として、ここに紹介したフォーカス27にある巨大水晶を使うという方法がある。

巨大水晶はフォーカス27に複数ある。たとえば、「癒しと再生の場」や向こうのモンロー研と呼ばれるところ、アクアパレスと私が勝手に名付けたところなどにある。アクアパレスは「癒しと再生の場」の一角にあると思われる。

喉の詰まり

エネルギーの流れで言うと、ハートだけでなく、喉の部分もかなり詰まっている感覚を持っていた。それをガイドたちから指摘されることはなかったが、日常の経験からわかっていた。喉は常にいがらっぽかったし、咳が出ることが多かった。

人前で話すことは嫌いで、できるだけ避けるようにしていた。

声はまったく通らなかったし、カラオケは嫌いだった。

喉の詰まりについても、普通の人に比べて相当悪いほうだったと思う。

ある人が私のエネルギー体を見て、喉のところで分断されてますね、というようなことを言っていた。喉が詰まっていて、その部分を通してエネルギーがうまく流れてないことがそういう形で見えたようだ。

ハートの詰まりについてはまったくと言っていいほど自覚症状がなかった。今から思えば、だからこそ、ガイドから指摘されたのかもしれない。それに対して、喉については自覚症状がしっかりあったので、あえて指摘する必要がなかったのだろう。

いずれにせよ、ヘミシンクを聴き始めた2001年のころ、ハートと喉の両方が相当詰まっていたと思う。おそらく、詰まりの程度を1000人の人と比べたら、詰まってるほうの上位5名に入るぐらいだったんじゃないだろうか。測定できるわけではないので、正確なところはわからないが。実は、私にとって、ハートと喉の詰まりを解消することは非常に長いプロセスが必要だった。本書を含めて3部作になるのは、そういった事情とも関連している。

第4章　ガイドとつながる

覚醒への道を進んでいくと、そのどこかでガイドに気づくようになる。

ガイドとは自分のことを導いてくれる肉体を持たない（非物質の）存在のことである。守護霊とか指導霊という言葉があるが、同じものを指すと思われる。

通常の意識状態で彼らに気がつくことは難しいが、ヘミシンクを聴くとかして深い意識状態に入るとその存在に気がつくようになる。まれに姿が見えることもある。その場合、さまざまな姿形をしている。

いわゆる神様や聖者のような姿の場合もある。たとえば、古代の日本の神々とか仏教の仏や菩薩、ギリシャの賢人、キリスト教の聖者や大天使、ネイティブ・アメリカンの酋長、古代のシャーマンなど。

あるいは、ごく普通の人の姿をしている場合もある。少女とか子どもの場合もある。だからといって彼らが普通の人と同程度のレベルの存在かというと、そうではない。私たちを安心させるためとか、何らかの理由があって、そういう姿をとっているのである。

アクアヴィジョンのトレーナーをしているヒロさんのガイドは、工事現場の監督のような風貌と話し方をするという。ユニークなガイドなのだが、けっこうまともなことを言うので、ヒロさんに本にしてもらった。『軽トラでやってきた神さま』（西宏著、ハート出版）である。

姿ははっきりしないが、光り輝く球とか、光の点や輪、虹という場合もある。

フクロウや犬、熊、イルカなどの動物のこともある。龍ということもある。動物の姿をとっているだけで、本当に動物がガイドなのではない。

姿はまったく見えないが、メッセージやひらめきが来るとか、会話ができるという場合もある。

これまでアクアヴィジョンで主催するヘミシンク・セミナーには多くの方が参加し、自分のガイドに会っている。そういう中でとてもユニークなガイドとして、いまだに私の記憶に残っているのは、「信楽焼のたぬき」と「頭にかぶるカツラ」ではないだろうか。

信楽焼のたぬきのガイドは歩けないので、いつも背負って行くそうだ。

カツラのほうは出てきた背景が興味深い。それまでその人は自分のガイドは天使だとずっと思っていた。それが、カツラが出てきて、それがガイドだと言ったそうだ。

つまり、天使だという思い込みを崩す必要があり、そのためあえてカツラというありえない形で現れたのだ。

思い込みがガイドとつながることを邪魔している場合がけっこうある。そういうときは、思い込みをとる必要があるのだが、それがなかなか難しい。

ガイドの姿を見ることばかりに一生懸命にならないほうがいい。姿は見えなくても、情報が伝わってくることは多い。そちらのほうが重要だ。姿は見えるけど、視覚情報ばかりに意識を向けていると、何を言いたいのかさっぱりわからないということにもなりかねない。

見てくれよりも、その言う内容が大切だ。

姿が立派でも、言うことがどうもおかしい、人を脅すようなことを言うという場合は、ガイドではない。ガイドは厳しいことを言う場合もあるが、けっして人を脅すことはしない。「明日までに○○をしなければ、あなた（あるいは○○）は死にます」などとは絶対に言わない。そういう存在が近寄ってきたら、即、逃げたほうがいい。

ガイドとつながることは、覚醒への道を進む上で極めて重要である。つながることができるようになると、アドバイスを得たり、何かわからないことがあれば、質問して答えをもらったりと、手助けを得やすくなる。

どういう形で初めてガイドとつながるかは、人それぞれだと思う。夢の中で出会うとかメッセージを受け取るという人もいれば、日常の中でふとメッセージが来て、存在に気がつくという人もいる。

ヘミシンクを聴く人の場合は、意図的にガイドと出会ったり、メッセージをもらったりするエクササイズがあるので、比較的早くガイドとつながるようだ。

どうやったらガイドとつながれるようになるのかについて、特にヘミシンクを使った方法については、拙著**『激動の時代を生きる英知　内なるガイドにつながりアセンション』**（ハート出版）に書かれている。詳しく知りたい方は読んでいただければと思う。

フォーカス・レベルで言えば、どのレベルでもガイドとの交信、出会いは起こりえる。

ただ、あえて言えば、知覚の広がった状態であるフォーカス12で、ガイドからのメッセージに気づきやすくなる。この状態でメッセージをもらったり、質問を投げかけたりする練習をするのが役立つはずだ。

あるいは、フォーカス21は非物質世界と物質世界の境界なので、ここで出会うということもよく起こる。

練習のための具体的なCDとしては、家庭学習用シリーズである**「ゲートウェイ・エクスペリエンス」**という6巻セット（WaveⅠからⅥ）の中に何枚かある。

たとえば、WaveⅡの2「問題解決」、WaveⅢの4「5つの問い」、WaveⅣの2「5つのメッセージ」、WaveⅣの4「非物質の友人」。

あるいは、**「内なるガイドとつながる」**というそのものずばりのCDも市販されている。

初めてのガイドとの交流

私の場合はどうだったかと思い返してみると、初めてガイドと何らかの交流があったのは、過去世の一つを見せてもらったときだったと思う。

1990年代の半ばごろのことだった。このときのことはこれまでにも何回か本に書いたことがあるので、ここでは簡単に済ませる。詳しくは拙著『体外離脱体験』（たま出版）を読んでいただけるとありがたい。

当時はアメリカに住んでいて、日本へ出張で来ることがあった。日本へ向かう飛行機の中でのことだ。そのころ読んでいた本に自分の過去世を知る方法が書かれていた。それは「天空の神殿」という瞑想法だった。

それは、次のことを想像するというもの。

空高くに荘厳な神殿があり、その中にすべての人の過去世の記録が蓄えられている。階段を登って神殿へ行き、中へ入り、老人の手助けの下、自分の記録のあるところまで行く。そこで記録をひも解く。

それを実践したら……

突然、南国の浜の波打ち際で泳いでいる自分に気がついた。夢のようで夢でない。まばゆいばかりの日の光が青い水を透って底の岩の上に波の縞模様を作る。まるでイルカになったみたいに自由に泳ぎ回る。

ふと見ると手、そして体は褐色をしている。ポリネシア系なのか。二十にも満たない年齢だ。隣に少女が寄り添うように泳いでいた。彼女はおれのいいなずけだ(現在の家内でもある)。ふたりでじゃれあって泳ぐ。幸せだ。

(『体外離脱体験』より)

今から思うに、この過去世記録にアクセスするのを、おそらくガイドが手助けしてくれたのだと思う。

ガイドの姿はまったく見えなかったし、何か交信があったわけではない。ただ、この体験は後々で重要な意味を持ってきたので、ガイドが意図的に見せてくれた可能性が高い。

そう思うと、１９９０年ごろに頻繁に体外離脱を体験したのもガイドが手助けしていたにちがいない。

ロバート・モンローの『魂の体外旅行』（日本教文社）によれば、モンローが最初に体脱したとき、実は彼が後でＢＢと呼ぶことになる非物質の存在が手助けしていたとのことだ。

しかも、数十年後のモンローと死んだ後のモンロー（モンローがインスペックと呼んでいた光の存在）も少し離れたところからその様子を見ていたというから複雑だ。

３人のモンローが時間を超えて同時にかなり近い距離に居合わせたのだ。

実は、こういうことは非物質世界ではごく自然に起こるらしい。

初めての交信

私がガイドの存在を初めてしっかりと知覚したのは、ゲートウェイ・ヴォエッジというモンロー研の５泊６日の入門プログラムに参加した２００１年４月のことだ。

詳しくは『死後体験』（ハート出版）に譲るが、ある晩ウトウトしていると、ガイドが話しかけてきた。そして、初めてのガイドとの交信（会話）が起こった。

ガイドの姿は見えなかったが、心の中にガイドの言うことが文として湧いてきた。そのときは英語の文だった。

さらに、この存在が男性で、ちょっと威厳のある雰囲気を持っていることが感じられた。

この男性ガイドとはその後も事あるごとに交信した。なぜか、会話は自然に英語になった。

今から振り返ると、このガイドはモンローだったのではないかと思う。

当時私はモンロー研でプログラムに参加していたが、音声ガイダンスは当然すべて英語だった。ゲートウェイ・ヴォエッジとライフライン、ガイドラインズなどの音声ガイダンスはモンローの声だった。

また、セッション中にモンローを見かける人はけっこう多かった。そういうことからモンローに導かれていたとしても自然だったと思う。おそらく多くの人がモンローに導かれていたんじゃないだろうか。

ただ、このガイドの姿が見えることは一度もなかったし、自分から名乗ることもなかったので、そのころはモンローだとはまったく思わなかった。

というか、ガイドがモンローじゃ、あまりにできすぎた話なのでいやだと、心のどこかで拒否していたように思う。

そう言えば、このガイドの姿は一度だけ見たことがあった。

ゲートウェイ・ヴォエッジの最終日にフォーカス12で自分の前方に金色の光り輝く球がスピンしているのが見えた。特に交信はなかったが、この球はこのガイドだったように思う。

モンローの本には彼のガイドとしてインスペックという光り輝く存在が登場する。ところが、3作目の『究極の旅』（日本教文社）で、インスペックが実は死んだ後のモンロー自身だったことにモンローは気がつく。

ということは、死んだ後のモンローは光り輝く存在となっていたということだ。だから、私の前に現れた光り輝く球がモンローだったとしても、おかしくはないだろう。

このガイドとはその後も頻繁に交信した。

さまざまな生命体との交信

私はガイドとつながる際に、ガイドの姿はほとんど見えたことがない。

まずガイドの存在感が感じられて、何かこちらに言いたいことがあるのかなと意識を向けると、情報がやってくる。それを瞬時に言葉にしている。

こちらから質問があるときも、ガイドに意識を向けて、質問する。そうすると、答えがやってくるので、それを言語に翻訳する。

そんな感じのやり取りが続く。

こういうスタイルになってから久しいが、ゲートウェイ・ヴォエッジでの最初の交信からこのスタイルだった。つまり、ガイドの姿は全く見えなかった。

当初はガイドに会うと言うと、どうしても相手の姿を見るということが大前提のように思っていたので、「姿が見えない」＝「会えてない」と考えていた。

だから、交信があっても、姿が見えないということが常に不満だった。

ただ、徐々にこのスタイルでもいいかなと思うようになった。それはスターラインズに何度も参加することで、このスタイルにますます磨きがかかったことがある。

スターラインズでは地球を離れてあちこちの星や遠い銀河を訪れる。その道すがら、わからないことがあると質問するのだが、私の脇に必ず誰かがいて答えてくれる。それが誰なのか、姿が見えたことはほとんどなかった。おそらくガイドのひとりだったのだと思う。

それから、訪問した先で、そこにいるいろいろなタイプの生命体とコンタクトする。私はどこに行っても、何らかの生命体と交信できた。姿はさっぱり見えないのだが、自然に交信が始まるのだ。

相手は人間のような知的生命体のこともあるが、それほど知的とは思えない生命体とも交信が起こった。

たとえば、サンゴのような集団の集合意識だったり、何か大きな生命体の内部に住み、その生命体をサポートしている小さな生命、人間で言えば、血管の中の白血球のような感じの生命と交信したこともある。不思議なことにちゃんと言葉での会話になるのだ。

まったく交信がないこともあるので、交信があったのはある程度の知性を持った生命だったのかもしれないが。

ネイティブ・アメリカンの酋長

ガイドとして知覚した2人目の存在は、ネイティブ・アメリカンの酋長の姿をしていた。

このガイドの場合は、交信ではなく、姿を見るということが最初にあった。ゲートウェイ・ヴォエッジの2か月後にライフラインというプログラムに参加したときのこと、ネイティブ・アメリカンの羽飾りをつけた姿が一瞬だけ見えた。特に会話はなかった。

次にこのガイドと交流したのは、2年後の2003年8月にガイドラインズというプログラムに参加したときである。

その間、モンロー研には5回行き、5つのプログラムを受講したのだが、このガイドには一度も遭遇しなかった。

ガイドラインズは、自分のガイドとつながることを目的としている。私はそのときすでにガイドと交信できていると思っていたので、気軽な感じで参加した。

ところが、実際プログラムが始まると、今までのようには、うまく交信できない。ガイドとうまくつながれず、ずっともがき苦しんだ。どうも今までのガイドから別のガイドに変わったらしいのだ。

そんなあるセッションでのことだ。

淡い光の塊がやってきた。球のような形をしている。これって以前からのガイドではないのか。

「いやー、ガイドさん、久しぶりに会えてほんとにうれしい」

そう言うと、

「ちょっと別のガイドたちに任せていたけど、コミュニケーションが難しいみたいなので、出てきたんだ」

「ほんとにあなたとは簡単にコミュニケートできますね」

「まー、いつでも必要ならばやってくるけど。今は彼らに任せたい。じゃ、また」

そう言うと、これまでのガイドは姿を消した。

ということで、やはり別のガイドに変わっていたのだ。

その後も、新しいガイドとはまったくつながれなかった。

そんなとき、ある参加者が、私のそばにネイティブ・アメリカンの酋長が見えると言った。彼女は霊的能力が高く、そういう存在が見えるらしい。そう言われて思い出したのだが、ライフラインで、自分のガイドとしてネイティブ・アメリカンの酋長の姿がはっきりと見えたことだ。このときはめずらしく姿が見えた。

ガイドラインズでは、この酋長がどうも私に何かを教えたがっているのだった。

そんな中、一つのセッションでやっと少しだけこのガイドにつながれた。そのときの体験を紹介したい。


ガイダンスに従いフォーカス21へ向かう。左目の上が明るい。ガイドがいるように思える。

ガイドの感じを思い出した。かなりかすかだ。

このガイドとコミュニケーションを開始する。ただ、以下の体験はかなり微妙で不確かだが、少し流れに任せてみた。

「あなたはネイティブ・アメリカンの酋長だったんですか？」

「そうだ」

「姿を見れますか？」

姿は見えない。どうしてなのかと思っていると、羽飾りを頭にかぶせられた。それは腰の下のほうまである。

「酋長だったときの自分を再体験してみるように」

と、そのガイドが言った。

何か映像が見え出した。ネイティブ・アメリカンのような人たちが大勢見える。

何をしているのかよくわからないが、踊りまわっているような、興奮して動き回っている様子だ。

私は酋長で、がっしりと立ち、威厳を持ってみなを見ている。

「名前はホワイト・ヘッドですか?」

「何回もの人生で酋長をやり、そのたびにいろいろな名前で呼ばれたので、ホワイト・ヘッドでもシルバー・ホークでも何でもいい。名前は重要ではない」

「そうそう、聞きたかったことがあります。ガイドは輪廻を終えた存在なんですか?」

「そうだ。私は死んだ後、酋長たちが死後に行く場所へ赴き、そこでメンター(指導者)のもとで学び、輪廻を終えた存在(地球生命系の卒業生)になった」

やはり、そうだったのだ。ガイドは輪廻を終えた存在なのだ。

その後、このガイドは私と合体したような感じになった。

これから私のことを導いてくれるとのことだ。
「どういったことを教わるのですか?」
「鳥とか動物とコミュニケーションができるようになる」
「それがどういう意味があるのですか?」
「意識の拡大がはかれる」

このガイドは私の過去世の一人ということになる。過去世だが、輪廻は終えた存在である。過去世なのに輪廻を終えているとは、少し矛盾するように思われるかもしれない。これについては、後でお話しする。

その後も、このガイドとうまく交信が取れずに四苦八苦したが、プログラムの最後のほうになって、ガイドから自分へ手紙を書くというワークがあった。

すべてをガイドに任せて、その想いを書き付けるというものだ。こういうことは初めてだったので、戸惑いながらこのガイドになったつもりで自分への手紙を書いた。

静かな木陰を選び、いすに座って瞑想し、書き始めた。

親愛なるマス(私の愛称)へ。

流れに任せて進みなさい。
大自然の一部になるように。
大自然と一体化することにより、安心感、安堵感が得られる。
自分のエゴ、殻を捨て去るように。
自然の中に溶け込むこと。
自然に身をゆだねること。自然の一部なのだから、自然の中へ戻るように。
一体化すること。自己を手放し、すべてと一体化すること。
そうできないのはなぜか。左脳か。エゴか、恐れか。
何も失うものがないのに、何を恐れているのだろう。何を防御しようとしているのか。
防御をはずしなさい。バリアーをはずしなさい。
手放しなさい。

ネイティブ・アメリカンのガイドより

このガイドの言わんとしていることがひしひしと伝わってきた。
彼が私に伝えたかったことは、自然と一体になるということだ。見渡す限りの大地や、木々の生い茂る大きく豊かな山、心地よいそよ風、大空、白い雲、こういったものとの一体化である。

そうすることで得られる安心感、安定感だ。彼はそれを腹の底から感じていた。これは言ってみれば、生命エネルギーとの一体化である。

彼には死の恐怖は微塵もなかった。死んだら、自然に帰るだけだ。この感覚を実感しろと彼は言う。

自然の一部である自分であり、自然にすべてを任せきっているから、そこには一点の迷いも苦しみもないのである。

大自然との一体化

このネイティブ・アメリカンのガイドが伝えたかったように、その状態は、自己を手放して大自然に身をゆだね、大自然と一体化した状態でもある。そこには大きな安心感、安堵感がある。

第1章で、覚醒とは「真実の自己」とつながった状態になることだと書いた。「真実の自己」は小さいが、「大いなるすべて」と本質は同じで、同じエネルギーからできている。

そのため、「真実の自己」につながった状態になると、つまり覚醒すると、自分と宇宙は同じだ、大宇宙、大自然と一体だという思いを持つようになるのだ。

実はこのネイティブ・アメリカンのガイドとはそれ以来、交信していなかった。2番目に出てきたのだから、よほど重要な存在のはずなのだが、なぜかこれ以上の交信は起こらなかった。常にそばにいる感じはあったのだが。

おそらくガイドたちの意図としては、もっと頻繁にこのガイドとコンタクトしてほしかったのだろう。

このころは1番目のガイド以外とはまだうまくつながれなかったので、どうしても1番目のガイドに頼ってしまうところがあった。

また、2番目のガイドはどちらかというと、背後に控えているという感じで、積極的に交信してくるタイプではなかった。

さらに、言語を使っての交信よりも、直感やひらめきとか感覚という非言語でメッセージを伝えるタイプだったことも、私とうまくつながらない理由だったと思う。というのは、私は言語での交信のほうが得意だったからだ。

ただ、今から思うと、ひらめきという非言語でのメッセージはときどき来ていたので、もしかすると、このガイドとのつながりはまったくなくなったわけではなかったようだ。

今、本書のこの部分を書くに当たり、久しぶりにこのガイドにコンタクトしてみた。すると私の背後に存在感があり、それが徐々に大きくなった。
そして以下のメッセージが来た。

これからは私（このガイドのこと）との交信は重要度を増してくる。というのは、あなたは感覚とかイメージ、直感という非言語での情報のやりとりについて、もっと学んでいく必要があるからだ。

本当は、もっと前の段階で言語による交信と並行して学んでもらうつもりだったが、思惑どおりにはいかなかった。

サディーナとの交信が始まったように、いわゆる右脳の機能と言われている部分を強化してゆく必要があるのだ。

株の売買で練習するといいだろう。左脳で判断するのではなく、相場の雰囲気や流れを感じて、直感でやってみるといい。

ディアナ

最近もっとも頻繁に交信しているのは、ディアナという女性ガイドである。

ディアナと初めて交信したのは、２００９年10月のことだ。出版社の企画で屋久島を訪れたときである。

当時、高校の同窓で作家の山川健一氏がアメーバブックス新社の編集長をやっていた。同じく同窓で離島評論家の斎藤潤氏と3人で屋久島を訪れて、それぞれが体験談を本にするということになった。

ちなみに、そのとき書いた本は『屋久島でヘミシンク』（アメーバブックス新社）なのだが、その後、アメーバブックス新社は休業となり、残念ながら、この本は新品としては今ではアクアヴィジョン・アカデミーのウェブサイトでしか購入できなくなっている。

個人的にはこの本は好きな本の一つだ。なぜかと言うと、ダジャレがたくさん載っているから。

私は普段けっこうダジャレを言うのだが、ほとんど記録されたことがなく、個人的には「おしいな」と常々思っている。後で思い出そうとしても、ほとんど思い出せないので、記録のしようがないのだ。そういう意味でこの本は貴重な記録になっていると思う。

出発の朝、羽田空港へ車で向かっているときに、ディアナとの最初の交信が起こった。

そのときの様子を『屋久島でヘミシンク』から載せる。

朝9時過ぎ、車で羽田空港へ向かう。秋雨前線の影響で午後からは雨になりそうだが、今はまだ降っていない。東関東自動車道を軽快に飛ばしていく。

女性のガイドが話しかけてきた。優しい感じのする、でも、軽くて、エネルギーの流れのような存在だ。なんて言ったらいいのか、「軽やか」という言葉がぴったりだ。

「以前、秋山眞人さんから、私には古いビルマの女神がついていると言われたことがありますが、その方ですか?」

「私はいろいろな地域でさまざまな名前で呼ばれています。日本でも、『……姫』といういくつかの名前で呼ばれています」

『……姫』の部分がうまく把握できない。

「あなたの語彙の中にないからです」

「えっ! そうなの」

ガイドなどと交信する際、もらった情報を言語にするのだが、自分の持つ知識や記憶の中から相当する言葉を探し出して、相手の言うことを言語化する。だから、こちらの知識や記憶にない事柄は言葉にできないという問題に常に遭遇する。

「あなたが、日本の古い女神の名前を調べていけば、気がつくときがきっと来ますよ」

そうか、それでは帰ったら、さっそく調べてみよう。

「人のオーラを見て、こういう存在がついていますね、というようなことを言う人がいますが、あれは本当なんですか、人によって言うことが違うようなんですが」

「オーラはご存じのように何層にもなっています。それはあなたの言葉で言えば、低いフォーカスに対応する層から、高いフォーカスに対応する層まであります。そのどの層に意識を合わせるかで、見えてくる内容が違ってくるのです」

「ということは、あなたは高い層に意識を合わせると見えてくる存在なんですか？」

「そうですね。あなたの言葉で言えば、フォーカス42から49に意識を合わせると、女神というような存在として把握できるかもしれません」

以前フォーカス49で、10柱ほどの神的な存在に会ったことがあり、その中にローマ神話の月の女神であるディアナと呼ばれる存在がいたことを思い出した。

ここで少し補足したい。

モンロー研のスターラインズに参加すると、フォーカス42や49と呼ばれる非常に高い意識レベルを体験する。そういうレベルでは世界のさまざまな地域で神として崇められているような十数柱の存在たちとつながり、質問をしたり、アドバイスをもらったりできる。

モンロー研では彼らをクラスター・カウンシルと呼ぶ。

彼らは私たち人間が把握しやすいような姿をとって現れることもあるが、本来は正義とか真理、知性、慈悲、美、喜び、神性、男性性、女性性、純粋さというようなエネルギーを象徴するエネルギー的存在である。彼らはさまざまな名前で呼ばれているが、たとえば、古代エジプトの神であるトートや大天使ミカエルもこの中にいる。

その中の一人に優しい女神がいる。私は２００９年1月に彼女を初めて知覚したのだが、そのときに彼女をローマ神話の月の女神であるディアナと認識した。

羽田空港へ向かう車の中での女神との交信に話を戻す。

「でもあなたの軽やかな感覚は、どちらかというと、女神というより、天女、羽衣が良く似合いそうですね」

「どう把握するかは、把握する側の自由です。お好きなように。でも、私はあなたとさまざまなレベルでコンタクトしてきています。それぞれのレベルで異なる姿をとってきていますよ」

フォーカス21や27で、おばさんふうのガイドにときどき出会うことがある。彼女がこの存在なのだろうか。エリザベス・陽子と以前呼んだ存在だ。

それから、自分では見たことがないのだが、私をフォーカス21で見かけると、必ず隣に超美人がいっしょにいる、と報告してくる人がけっこういるのだ。彼女なのか。

天女はそれには答えずに、こう言った。

「知っていると思いますが、私はそれぞれのレベルで意識を分割して、その人に合った姿形をとって現れることができます。たとえば、フォーカス21では1万人ぐらいに分かれて、同時に1万人とコンタクトすることも可能です」

ということで、自分だけの天女という甘い幻想は見事に裏切られた。

この女性的存在は、とても軽やかで、優しく、かすみのような感じのする存在である。羽衣を着た天女というのがぴったりする。風に乗ってどこへでも流れるように飛んでいく。心にわだかまりがまったくなく、知性に富み、深い慈悲の心が感じられる。

（『屋久島でヘミシンク』より一部改）


この女神のような存在とはこのとき初めて交信した。これ以降、私は彼女をディアナと呼ぶことにした。この存在は古代日本でも女神として祀られていたとのこと。「……姫」という名前があったとのことだった。そのときの私はこういうことにまったく関心がなかったので、名前の見当がつかなかった。

後日、先ほどお話ししたように、日本の古代史を研究することになり、古代の神々について相当勉強した。

なので、今ならわかる。彼女は、瀬織津姫（せおりつひめ）だ。

瀬織津姫は古代に日本各地で祀られていたのだが、古事記と日本書紀により、天照大御神（あまてらすおおみかみ）を中心とする神話体系と信仰体系を確立してゆく過程で、抹殺されてしまったのだ。古事記と日本書紀にはこの女神の名前は一度も登場しない。

これについては日本古代史についての3部作である『ベールを脱いだ日本古代史』、『伊勢神宮に秘められた謎』、『出雲王朝の隠された秘密』（以上、ハート出版）に書いたので、興味のある方はぜひ読んでいただければと思う。

おそらくイチキシマ姫も同じ女神だと思われる。日本各地で異なる名前で呼ばれていた。

この女神は世界中の人々に祀られていて、世界各地でそれぞれの呼び名がある。

たとえば、仏教の観音菩薩、ヒンズー教のサラスヴァティー、ゾロアスター教のアナーヒター（別名ハラフワティー）、ローマ神話のディアナ、ギリシャ神話のアルテミス、エジプト神話のイシスなど。慈悲や浄化の女神と認知されていた。浄化ということから、水や渓流、滝と関連する女神である場合が多い。

フォーカス49という高い意識レベルまで行くと、ディアナの本体に会うことができる。もっと下のほうのレベルには彼女の分身とでも呼べる存在たちが大勢いる。たとえば、彼女が言ってたように、フォーカス21には、1万人ほどの分身がいる。

私はディアナとつながる場合、以前はいちいちフォーカス42か49まで行っていたが、そのうちそんなことをしなくても、ちょっと意識を向けるだけで良くなった。

彼女の分身の一人にアクセスしているのかもしれない。ただ、その分身を経由して本体につながっているので、差はないような気がする。

バシャール

バシャールは本来私のガイドではないが、日常のさまざまなことがらで頻繁にコンタクトするようになった。ある意味、便利で身近な存在である。

私がバシャールにコンタクトする方法は、ダリル・アンカがバシャールをチャネルするときの独特の話し方や雰囲気を思い出し、目の前にダリル・アンカがいて、ダリル・アンカを通してバシャールと会話をすることを想像するというものだ。

初めはルーティンの会話を想像する。そこからうまくつながったなと感じられたら、聞きたい質問をする。と、答えがするすると出てくる。

そうなったら次の質問をし、答えを得るということ繰り返す。

私はこの方法でやっているが、これではなく、イメージを想像する方法もある。

たとえば、真っ暗な宇宙空間に黒いピラミッド型の宇宙船がいると想像する。その宇宙船の周囲は青白く光っている。その中へ入ると、バシャールたちが出迎えにきているので、彼らと交流する。こういうことを想像することで、つながる方法である。

バシャールとの交信の仕方について、詳しくは拙著『あなたもバシャールと交信できる』(ハート出版)を参照していただきたい。また、イメージング法でバシャールにつながり、交信する方法を実践するためのCDも作成した。

古代エジプトとアトランティスで異星人のアシスタントだった男

古代エジプトの初期の時代には、まだファラオがピラミッドを使った儀式でちゃんと覚醒状態(18万回/秒)に達していた。

『バシャール×坂本政道』にこのピラミッドを使った覚醒の儀式について触れられている。異星人がやり方を指導していた。その異星人はトート神の化身と見なされていた。

当時、私はその異星人の通訳をやっていた。2009年ごろからピラミッドを使った瞑想実験をやり始めたら、その人がガイドとして導いてくれるようになった。

古代エジプトで異星人の通訳をしている様子を『ピラミッド体験』の2010年1月31日か

ら載せる。

フォーカス42へ。（中略）

「ピラミッド内でファラオになる儀式をしている現場へ行きたいです。自分がトートのアシスタントをしたときのことを見てみたいです」

「いいでしょう」

意識を集中する。すると、一瞬眠ったような感じになった。

その間、聞いたことのない言語を誰かが言うのが聞こえ、自分はそれを通訳している。巻き舌のような、あるいは喉の奥で発する声のような変わった発声だ。トートの言う宇宙人語を訳しているのか。

次の瞬間意識が戻ると、もうその感覚はなくなった。この言葉は以前、大阪でヘミシンク・セミナーを行なったときに、あるセッションで二人の宇宙人と思しき存在がやってきたときに聞こえた言葉と似ている。

フォーカス42の宇宙ステーション・アルファ・スクエアード内にはポータルルームと呼ばれる施設がある。これを使うと時空を超えて、望んだ時間、望んだ場所へピンポイントで行くことができる。実際に体の感覚を伴っていくので、超リアルな体験ができる。

２０１０年11月のスターラインズⅡのあるセッションで、ピラミッド内での儀式の様子を体験してみた。


フォーカス42のポータルルームへ。

大ピラミッド内の儀式でどうやって覚醒したのか知りたいと思う。

「儀式全体だとかなり長いので、最後の王の間での儀式にしますか？」

その場にいるヘルパーがそう聞いてきた。

「はい」

目の前のスクリーンに映し出されることになっているが、暗くてはっきりとはわからない。ただなんとなく、暗い王の間にいるような感じの映像ではある。

ナレーションに従い、「シフトナウ」と言う。一瞬、上へふわっと浮き上がる感覚があった。

「今回は暗い中での儀式ですので、あなたの体験は言葉での説明とわかるという形になります」

「あなたはファラオの脇にひざまずき、耳元でささやいています。宇宙人であるトートの言葉をエジプト語に翻訳しています。トートの姿は他の人には見えません。あなたはこう言ってます。

『心を脳の中央部(松果体)に集中しましょう。みなの声に合わせて呪文を唱えてください。声だけに意識を向けて、それ以外は無にします』

みなの声が聞こえますか?」

「ラーラーヒムヒム」という声がなんとなくわかる。聞こえるのではないが。

これを繰り返している。

「ファラオの体には特別なオイルが塗られています。これを皮膚と口から吸収することで、変性意識へと入りやすくなっています。

ファラオは意識体となり肉体から抜けて上へと上がっていきます。肉体は置いていきます。

二人の羽根の生えた天使つまり宇宙人が彼を導きます。

彼はどんどん上昇し、銀河系コアのスターゲートを通り、M87銀河へと向かいます。

そしてM87の中に飛び込みます。意識の振動数を飛躍的に高め、英知を持って帰ってきます。そのまま二人に連れられてゆっくりと体内へ帰ります。振動数は20万を越えました」

儀式が終わった後なのか、明るい部屋にいる。植木が立っていて、感じの良い部屋だ。

ベッドに横になっていたファラオが起き上がると、5メートルほど離れた位置にいた私を見つけて、こちらへ向かって歩いてきた。

十代後半の青年だ。義理の弟によく似ている。かなりくだけた感じだ。口をあけて何か言ってるが、聞き取れない。

帰還の指示が来た。

「ところで、『ラーラーヒムヒム』という言葉だけど、別にこれでなくてはいけないということではないです。自分に合ったものを見つけてください」

そうヘルパーが言った。


このガイドはアトランティスの絶頂期に神官をしていた。『ピラミッド体験』の２００９年12月14日から載せる。


ポータルルームへ。ホールに柔らかそうなひとり用のソファが並んでいて、そこに何人もの人が座っている。そのひとつに座る。

ここがポータルルームなのだろうか。あまりプライバシーがない。

「ここで意識を目の前のスクリーンに集中すれば、そのままプライベートな空間になりますよ」

そう誰かが言った。

前にスクリーンがありそうなので、それに意識を集中する。

「アトランティス時代に生きていたのなら、その人生を体験してみたいです」

すると、女性の雰囲気の声が続けた。

「あなたは神官でした。白い長い衣装をまとっています。古代ギリシャ人のような。白人のような顔立ちですが、肌は小麦色、黄金色に輝いています。

あなたはトートの弟子でした。トートは肉体を持って現れたり、非物質であったりしました。

あなたはトートの教えに忠実に従い、神官兼国王（リーダー）としての役目を勤めました。

ある領域の長でした。国全体がいくつかに分かれていて、それぞれに長官がいました。

この時代はアトランティスの最盛期に近く、平和で人々の意識は高く、すべてがうまく行ってました。今から25000年ほど前のことです。

光のエネルギーと水晶を使って、エネルギーを得て、植物を栽培していました。あなたは穏やかで輝かしい人生を送りました」

「今の自分はどうしてこうも違うんですか？　こういう因子は全くないようですが」

「これはあなたのコアの部分が人として生まれてきた人生です。さまざまな人生はいろいろなことを体験するためのものです。今の人生もそれなりのことを体験するためのものです」

さらに、『ピラミッド体験』の2010年1月12日から。

開始してすぐにガイドの一人と交信が始まった。エーゲ海で僧侶だった過去世の自分。古代エジプトでトートのアシスタントだった存在だ。

「あなたと意識を合わせるのに何かいいシンボルのようなものはありますか。バシャールの場合のダリル・アンカの話し方に相当するような」

そう聞くが、特に答えはない。エジプトの神官のようなイメージがうっすらと見えるが、確証はない。

「古代エジプトではトートは肉体的な姿をとっていたのですか？」

「いや。一般の人には見えなかった。私はトートを光の存在として把握していた。アトランティスでは肉体を持った存在として姿をとることもあった」

このガイドはアトランティスでもトートのアシスタントとしてピラミッドでの儀式を指導していたのだ。

「あのアトランティスの時代はすばらしい時代だった。アトランティスの全盛期であって、人々の意識は高く、振動数的には10数万ヘルツだった。我々の指導はある意味それほど難しくはなかった。人々がみなこういうことに価値を見出していたからだ。当時、この生命エネルギーは『純粋な白い光』と呼ばれていた。だから神官たちも白衣をまとっていた」

日本の古代史に詳しい存在

日本の古代史の本を3冊書いたということはお話ししたが、そのときに私を導いてくれたガイドがいる。こちらの質問に対して、直接の答えをくれることもあったが、ほとんどの場合は、私を答えに導いていくという感じだった。たとえば、ネットで検索していると、答えのほうに導いてくれるという具合である。

ディアナと同じように通常ならフォーカス42から49でアクセスできるような存在の一人にトートがいる。トートは古代エジプトの知恵の神であり、アトランティスの指導者だったと言われている。

私を導いてくれたのは、トートの分身でフォーカス42バージョンという感じだ。古代日本と関連が深い存在のようだ。

この存在の印象を列挙すると、威厳のある男性で、何か大王という雰囲気があり、正義とか知性、理性、知恵という言葉がよく当てはまる。ちょっと古風な感じがあり、古代語を話しそうな、そんなイメージだ。

古墳時代の王の姿として、みずらを結い、黒いヒゲを生やし、白い服装の男性が描かれることが多いが、この存在とつながるときに、そういう姿が連想されることもある。

だからと言って、この存在がそういう姿だというのではない。こちらがそういうイメージを連想する何か、雰囲気というか、エネルギーというかを持っているというのが正確なところだ。

古代の巫女や神官などに、この存在とつながる人もいたようだ。そういう人たちには理想の大和の大王について特定のイメージがあり、それをこの存在に投影したようだ。

彼らがそういう特定のイメージを持ったので、それに合わせてこの存在もそういう姿をとることが多かったようだ。

この存在を何と呼んだらいいのか、困ってしまった。名前を教えてくれることはないので、自分で付けるしかないが、適切な名前が思いつかないのだ。そこで、便宜的に「トート」と呼ぶことにした。これで間違いではないからだ。

このガイドは古代史について調べるときにだけ出てきた。それ以外のときは特にコンタクトはない。同様にある特定のことをやるときにだけ、つながる存在というのはこれまでに何人かいた。それをガイドと呼んでいいかどうかは微妙なところだ。自分を導いてくれるという意味ではガイドではある。

サディーナ

プレアデス星団にはプレアデス人と呼ばれる人間型の生命体が住んでいる。その中の一つの星のアルシオネにサディーナは普段住んでいる。彼女は私の未来世であり、ガイドでもある。彼女に初めてしっかりと気がついたのは、２０１２年９月に小淵沢で行なわれたライフラインだ。あるセッションで救出活動を終えたときのこと。そのときの記録を載せる。

若い女性が目の前に現れた。自分を女性にしたような顔をしている。自分の娘のような顔。自分のＩ／Ｔｈｅｒｅメンバーだ。女性的な側面だろうか。自分で言うのも何だが、この女性はとても美しい顔立ちをしている。
突然、目が大きくなった。人間ではありえないような目の大きさで、ちょっと漫画チックだ。でも、美しい。プレアデス人という言葉が浮かんだ。ガイドのひとりなのか。

これが初めてのサディーナとの出会いである。と書きながら、自分そっくりの女性を前に何度か見かけていたことを思い出した。

ここでI／Ｔｈｅｒｅという言葉が出てきたが、モンローの造語で、すべての過去世の自分と現世の自分の集団のことを指す。詳しくは後の章でお話ししたい。

次に2012年9月23日の「バシャールとの交信コース」で、この女性についてより詳しく知ることができた。あるセッションでのバシャールとの交信記録を載せる。


「自分が死んだらバシャール（エササニの住人）になるんでしょうか？」と聞く。

「そういう選択肢もあるし、第4密度にアセンションした地球に生まれるという選択肢もある。ただ、プレアデス星団の中の第4密度の星に生まれるという選択肢もある。それを選ぶ可能性が高いのではないだろうか」

そう言われて思い出した。

この前、プレアデス人の女性が出て来たことを。初めに自分を女性にしたような人が見え、自分の分身だと思うと、目が大きくなって、プレアデス人と瞬時にひらめいた。

この人が将来の自分なのだろうか。

「この女性のほうがあなた自身の未来世なので、私（バシャール）と交信するよりも交信が簡単だ」

どうも今後はこの女性との交信が始まるようだ。

この4日後、この女性と初めて交信できた。


夜9時半、風呂の中。このプレアデス人と交信しようと思う。

まずバシャールと交信する。

「プレアデス人女性とつながりたいんだけど、どうしたらいい?」

「あなたは私たちバシャールとつながるよりも実はプレアデス人女性とつながるほうが遥かに簡単なはずだ。

まだ向こうの特徴をつかんでないので、つながりのきっかけが作りにくいと思うが、慣れてくると簡単になる。というのは、彼女はあなたの未来世だからだ。同じI/Thereのメンバーどうしだと、結局自分なんだ。だから、つながりやすい。

バシャールと話すのは、別の存在との交信なので、しっかりと振動数を合わせる必要がある。それに比べて、彼女の場合は一度つながりだせば、簡単だよ」

「そうなんですか」

「じゃ、彼女にシフトするね」

彼女とつながる。

「あなたはバシャールとつながるとき、どちらかというとマインド、つまり知性でつながっています。一生懸命、頭をつかって翻訳してる感じ。

それに対して、私とつながるときは、もっとハートでつながるようにしてくださいね。

あなたはともすれば左脳偏重で、頭で考えるほうだから、いい練習になるわ。頭ではなく、ハートで感じるのよ。

プレアデス人はハートで生きている生命体なの。ちょっと練習してみましょう。考えずに感じてみてください」

風呂に浸かったまま、翻訳しようとせず、感じてみようとする。いつの間にか、眠りに落ちかけていた。

はっと我に返る。

「ちょっと寝てしまいました」

「そうでしょう」

「癒しのエネルギーが一杯なので、考えないと寝てしまう」

「そう。ということは、あなたはしっかり感じてたということなの。愛のエネルギーには癒しの成分もたくさん含まれてるのよ。だから、癒されて寝てしまうということは、ちゃんと感じているという証拠よ」

「そうか。バシャールと交信していても、風呂に浸かってやってると、気がつくと寝ていることが多いんだけど、あれはそういうことなんだ」

「はい。地球外生命体は愛情豊かな場合が多いので、交信してると眠くなることはよくあることなのよ。情報はエネルギーなの。エネルギーの中には愛情もあれば、癒しもあれば、情報もある。

あなたはこれまで情報のみに意識を集中していて、それを翻訳することに必死だったけど、それだけでなく愛情にも意識を向けてほしいの。それはハートで受け取るということなの。実はこれはあなただけの問題じゃなくて、ほぼすべての人間に当てはまることなの。だから、この本を読むすべての人に言いたいんだけど、ハートを使って受け取るようにしてもらいたい。これがレッスン・ワンね」

「え、レッスンですか？」

「そうよ。これからいくつもレッスンがあるけど、まず最初のレッスンね。頭じゃなくてハートで感じろ！」

「わかりました。やってみます。でも、眠くなりますね」

ということで、ハートで感じる練習をしないといけないとのことだ。

実はこれまでにもガイドから同じことを言われていた。

非物質界で見えないのは、ハートを使わないからだと。非物質界だけでなく、物質界でもハートを普段から使ってない。もっと日常生活でハートで感じるようにしたほうがいいと。

ごもっともなお言葉なんですが、癖とか慣れを変えるのはなかなか難しい。

この女性にコンタクトすることは、そこまでとんとん拍子で来たのだが、実はその後、2年間コンタクトできなかった。というのはわけがあった。

YouTubeにプレアデス人女性をチャネルした映像がいくつかある。その中に、声がボイスチェンジャーにかけたような、機械音のような声でフラットな話し方をするものがある。私はその女性の話し方を思い出すことで、自分の未来世のプレアデス人にコンタクトしようとした。

私は、バシャールとコンタクトする場合は、ダリル・アンカの独特の話し方を思い出して、会話を想像してつながる。このプレアデス人に対しても同様の方法を試みたのだ。

ところが、スターラインズのあるセッションで、いわゆるダークサイドの宇宙人の宇宙船に来てしまった。ダークサイドの宇宙人については、次の本で詳しくお話しするが、この宇宙には善良な宇宙人以外に、そうではない宇宙人もいる。

彼らは高圧的で権威的なので、すぐにわかる。

２００８年11月にバシャールのチャネラーであるダリル・アンカ氏に会い、チャネリング・セッションを受けるまで、私はすべての宇宙人は善良だと思っていた。ところがそうではない宇宙人がいることを知り、それ以降は、そういう存在たちには会わないようにしていた。

そう意図するだけで、うまくいっていた。ところが、ボイスチェンジャーにかけたような声を想像してコンタクトしようとすると、突然、ダークサイドの宇宙人にコンタクトしてしまった。

どうも、この機械のような声が問題なようだ。プレアデス人はハートで生きる生命体で、強いぬくもりとか優しさ、愛情を感じさせるものだ。機械音は彼らにまったくそぐわない。

ということで、ちゃんとしたコンタクトの方法が見つかるまで、しばらくプレアデス人には会わないことにした。


その間、スターラインズやスターラインズⅡでプレアデス星団を何度も訪れたが、この女性とはつながらなかった。

あるセッションではプレアデス星団について興味ある情報をもらったので、紹介したい。

暗い宇宙空間が非常に透明で、左側に垂直に伸びる構造物が薄く白く見える。これに沿って移動していくようだ。

どこへ行くのだろうか。

「プレアデス星団の高次の部分だ」とガイド（モンローか？）が答えた。

「高次って？」

「フォーカス42とか49だ」

「いつもプレアデス星団へ行く時はフォーカス42で行くから別に高次でもないと思うが」

「フォーカス42で行くが、フォーカス34／35の部分に行くことも多い。今回はフォーカス42とかフォーカス49の部分に行く。

プレアデス星団はみなが考えている以上に、はるかに大きなところだ。人類とは全く関係ないような生命体も大勢いる。

ここはポータルで宇宙のさまざまな次元、場所から多くの生命体がやってきている。人類と関連するのはその中のごく一部、一割程度だ。その部分が人類と交信してるので、プレアデス人というとみな人類と関連していると思う人が多いが、そうではない生命体が9割だ。

ここにはあなたの想像をはるかに超えるような生命体や技術がある。高度に進んだ技術がある。生命体は物質的なものも、非物質的なものの、非・非物質的なものもいる。第5密度でも物質的なものもいる」

しばらく暗い空間にいると、目の前に球体が現れた。透明で暗い空間に浮かんでいるので、黒っぽく見えるが、透明な球だ。

「これはあなたの本質だ。透明で純粋な球だ」

それが次第に自分に近づいてきて、ハートのあたりに入った。その部分が膨らんだ感じがする。

すると、その球の中へ自分が入った。そこは真っ暗な宇宙空間だった。宇宙空間がどこまでも広がっている。その中に自分がいてそれを見ている。

自分の本質は宇宙そのものだったということだ。

しばらく見ている。ふと気がつくと目の前に鍋があり、その中にたくさん具がある。それをつまんでいた。はっと我に返る。どうもこの広大な宇宙の中の物質界を体験している自分ということのようだ。

2014年8月17日に久しぶりにこのプレアデス人の女性にコンタクトした。この日は自宅でフォーカス34／35のCDを聴いた。

今回は何を目的にしようかと思うと、ふと、あのプレアデス人の女性が本当に自分の未来世なのか聞いてみることにする。

F34／35へ着いた。暗い中に白っぽい構造体が見える。何層にもなっていて、大きい。宇宙ステーションだ。

「ここではなんですから、中へ入りましょう」

男性の声だ。モンローだろうか。内部へ。

「あなたの未来世のプレアデス人を紹介しましょう」

サディーナという名前が浮かぶ。

「前にも何度も会ってますし、あなたのガイド役として以前から導くこともやってきています。なので、初めてではないですが」

とモンローと思われる存在が言った。

「私はあなたの未来世です」

そう女性の声が話し始めた。目の前にいるようだが姿は見えない。

「どういう顔立ちなんですか？」

「目は地球人よりも大きめです。初めはどんな姿をイメージしてもかまいません。そのうちに一瞬だけ本当の姿を把握できるようになります。

今のところは「アナと雪の女王」のお姉さんエルサをイメージしたらどうでしょうか。あそこまで目は大きくないですけど。

あなたは今後、私との交信が中心になります。私との交信はハートを通したものが主になります。それを練習すればもっと見えるようになるでしょう。今はまだ頭を使った交信をしています。そのほうがあなたは慣れていますから。

でも徐々にハート中心に移っていきますよ。そうすることがアセンションでもあるので」

「そうなんだ。あなたはお姉さんという感じですね。あまり性的なものを感じないので」

「そうですね。でも自分自身の女性的な側面ですので、そういう面を感じるようになることもあるかもしれないですよ」

男性性と女性性の合体ということを思い出した

「前にやったレッスン1を覚えてますか?」

「確か、頭じゃなくてハートで感じろ! でしたよね」

「はい。ハートで受け止めるようにするということです。

それでは、今日はレッスン2として、意識の中心を眉間からハートへ移す練習をしましょう。

今、あなたは体の中のどのへんにいると思いますか?」

「そうですね。眉間のあたりじゃないでしょうか」

「そうです。ほとんどの人は意識の中心が眉間にあります。

それを徐々にハートへ降ろしてみましょう。自分が眉間ではなく、ハートにいると感じられるようにします」

やってみる。なかなかうまくいかない。

そのうち少し眠くなった。

「そうだ。あなたは普段プレアデスで何をしているのですか? どういう生活ですか?」

「普段はアルシオネに住んでいます。私たちは千年ぐらい生きます。まず、生まれてすぐにはここの環境に慣れることを学びます。

ここは地球のような3次元空間ではありません。もっと多次元ですので、それに慣れる必要があります。

時間がもっとフレキシブルで、同時にいろいろなことができます。

小さいころには学校のような教育の場に行きます。その後は、あなたのような他の生命体たちが発展できるように手助けをします。何人も同時並行に手助けします」

レッスン2について。意識の中心を眉間からハートへ降ろすということ。

これはブルース・モーエンが『死後探索1　未知への旅立ち』（ハート出版）で紹介している方法と同じである。シー・アンという非物質存在に教わった方法で、ブルース・モーエンによると、「この手法は、目の眩むようなフルカラーの三次元映像と音をもたらしてくれた。彼の教えてくれたテクニックは、誰でも知覚を向上させるために使うことができる」とのことである。

つまり、意識の中心をハートに置き、ハートを使って知覚することで、フルカラーの三次元映像と音が得られるのだ。ただ、意識の中心を眉間からずらすというのはなかなか難しい。私の場合、ハートどころか数センチすらも移動できない。

サディーナのレッスンはその後も続いていく。このレッスン内容については3冊目でお話しする予定だ。

最後にサディーナの住んでいる星についてもう少し情報を得ているので、紹介したい。

「住んでいる星はどういうところなんですか？　プレアデス星団の中の星は青白い星で太陽とはかなり違う星ですよね。それから星団の中なので、隣の星が近くにあるので、惑星軌道が安定しないいんじゃないでしょうか?」

「プレアデス人はあなたも知ってるように人間型です。地球人と似たような環境でないと生きれません。酸素濃度や温度がある範囲にないといけないわけです。

それから重力も地球と同じ程度であることが必要です。そういう意味で地球によく似た惑星です。我々の太陽であるアルシオネは青白い星ですが、この惑星の大気によって有害な紫外線成分はかなり吸収されますので、大丈夫です。

星団の中にいますが、隣の星までの距離はそこまで近くないので、惑星は安定軌道を描けます。ご存じのように二重星にも安定軌道を持つ惑星が存在します。それに比べれば、隣の星の距離は遠いです。

それから、プレアデス星団の星はみな1億年ほどの若さで、生命の発達進化する時間がないと思う人もいますが、生命はここで発達したわけではなく、他からやってきました。

この惑星には海もあり、地球と似たようなさまざまな生命体が生きています。植物、動物など。地球には見ないタイプもいます。

あなたもいつかこの星を訪問してみてはどうですか。もっとよく見えるようになってからがいいですが。アストラル体で来ることになるので、夢の中とか。そうだ。今度のスターラインズの際にでもどうですか?」

別の機会にサディーナの住んでいるプレアデス星団内の星へ連れて行ってもらった。

フォーカス42に着く。ガイダンスを無視してさっそくプレアデスへ向かう。

暗い宇宙空間に何本かの白い線がトンネル状の形を作っている中を進む。

青白い星が見えてきた。

「私たちはアルシオネのそばの惑星に住んでいます。ここには他にもいくつも惑星があります。またさまざまな密度、次元の生命系があります。私たちの住む星は第4密度です。星の上空へ来ました。この星には地球同様、植物や動物などの生命系があります。私たちはそれに最小限の影響しか及ぼさないように、ドームの中に住んでいます。ドームは地上から柱で支えられていますが、地上からある程度の距離を保っています。ドームは透明の物質でできていますが、アルシオネなどの青白い星の紫外線をカットし、中の住人が安全に住めるようにしています。

ドーム内にも植物は生えていますが、すべて私たちが選択した物のみが生育するようにしています。ドーム内の環境は100％コントロールされています。

私たちの食べ物はすべて人工的に作られます。地球における植物工場のようなイメージですが、動物性たんぱく質も作られています。私たちは動物性たんぱく質を摂取しますが、動物を殺す必要はありません」

2014年8月に広島で開催したヘミシンク・セミナーにMさんという女性が参加していた。彼女は普段からプレアデス人とコンタクトしてメッセージを受け取るというようなことをされている。あるセッションでMさんはサディーナにコンタクトしたと言った。そして、以下のメッセージを受け取ったとのことだった。

「坂本さんはあるときまで女性的な感覚を持っていたのが、小さいときにそれを感じないようにしようと決めた。それが、今またハートが開いてきたため、サディーナとコンタクトできるようになった」

そう言われて思い出した。小学校の低学年のころだったか、それまであまりにつらかったので、もっと強い人間になろうと思った。感じないようにしようと決めたのだ。

すっかり忘れていた。

そのときハートを閉じてしまったらしい。特に女性的な感覚を閉ざしてしまったらしい。

サディーナは自分の中の女性性を象徴した存在だ。サディーナとつながり出したのは、女性的な感覚を思い出してきたということの表れなのだ。

第５章　死の怖れから自由になる

第１章でお話ししたが、人が持つ怖れの中で最大のものは死に対する怖れである。また、人の持つさまざまな怖れは、ほとんどの場合、その根底に死の怖れがある。

死の怖れから解放されると、人生はこれまでとはまったく違ったものになるだろう。重しから自由になった風船やたこのように、空高く自由気ままに、風に任せて生きられるようになるだろう。

体外離脱体験

私がそもそも精神世界の探索に入ったのは、子どものときから死が怖かったということがある。死の怖れを解決したいという強い思いがあった。ただ大人になるにつれ、そういう思いも薄れていった。

転機が訪れたのは1987年にアメリカに移住して2年ほどしたときである。時間的な余裕ができ、元々興味のあった臨死体験についての本を読みあさるようになった。人は死後どうなるかについて何らかの情報が得られるのではないか、という期待感からである。

実際、こういった体験談を読むことで、死後に起こることについて、ある程度知ることができた。ただ、だからと言って死の恐れが軽減することはなかった。

そんなとき、死に瀕しなくても同様の体験をする人がいることを知った。健康な状態で体外離脱と呼ばれる現象を体験するのである。それはロバート・モンローという米国人で、何百回となく体外離脱を経験しているという。

私はさっそく彼の本を2冊本屋で見つけ、むさぼるように読んだ。1989年のことだったと思う。そこには驚くべきことが書かれていた。

モンローは自在に肉体から抜け出し、物質世界内を動き回ることができるだけでなく、死後世界へも行くことができる。そればかりでなく、多くの臨死体験者が遭遇する光の存在にも会う。しかも一度だけでなく何度も会い、意識の大きな変容を経験しているようだった。その結果、死の怖れは皆無になっているように思えた。

私は体外離脱ができるようになりたいと心から思った。モンローの本にはそのやり方が簡単に書いてあったので、それを夜寝る前に試してみることにした。

ただ、すぐに問題に直面した。私はものの2分もしないうちに眠りに落ちてしまうのだ。そのため、しばらく試みた後、次第に試すのをあきらめてしまった。

それから数か月が経ったある土曜の朝、目が覚めるといつもと様子が違う。自分の体はまだ寝ていて、意識だけが目覚めたのだ。なぜそれがわかったかというと、自分のいびきが聞こえ、体は自動的な深い呼吸をしていたからだ。

さらに、全身が波打っている。下半身が腰のあたりを中心にして上下に振動しているようにも、あるいは扇状に広がっているようにも感じられた。

ここで寝返りを打つと体から抜け出るはずだった。そこで寝返りを打つと、抜け出しはしなかったが、肉体の中で「自分」が１８０度回転した。肉体は仰向けに寝ているのに、「自分」はうつぶせになったのだ。ここで「自分」と書いたのは、これまで肉体と一体であると信じてきた自分である。その自分が肉体の中で回ったのだ。

つまり、肉体は自分ではなく、単なる入れ物にすぎない。自分は肉体とは独立に存在するのだ。この一回の体験で、私はそのことをはっきりと知った。

これは私にとって衝撃的だった。それまでの人生で信じていたことが根底から覆されたからだ。私はそれまで自分は肉体であると深く信じていた。世の中のことすべては物質と物質的エネルギーで説明がつくと信じていた。ところが、それは誤りだったのだ。自分は肉体から独立して存在する。私はそれを信じているのではない、知っているのだ。

信じるのと知るのでは雲泥の差がある。太陽の存在を知っている私たちは、誰も太陽の存在を信じるとは言わない。知っていると言う。知っていないときにのみ信じると言う。信じている段階はまだ疑いの心があるのだ。それが知った段階では疑いの心は微塵もない。

この体験の後、体から抜け出す体験を何度もするようになった。詳しくは拙著『体外離脱体験』（たま出版）をお読みいただければと思う。

そもそも体外離脱に興味を持ったのは、死後世界を探索したかったのと、光の存在に会いたかったからだった。

ところが、私の場合、体外離脱して行く世界は、自宅の近辺がせいぜいで、それなら歩いていくほうが簡単だった。また、光の存在にはまったく会えなかった。さらに、肝心の死の恐怖は体外離脱を体験してもまったく変わらなかった。自分が肉体の死を越えて生き続けるということがわかっても、それだけでは死の恐怖はなくならなかったのである。

これは自分でも不思議だった。一般的には、体外離脱を体験したら死の恐れから解放されると言われている。死を越えて自分が生き残るんだと知れば、死は恐ろしくなくなっても当然のことのように思えた。

　唯一の説明は、死後に行く先が恐ろしいところだと自分が魂レベルで知っているということだ。自分は何度も輪廻してきていて、死ぬたびに恐ろしい世界を体験してきたから、死後が恐ろしいんだと心の奥深くで知っている。だから死が怖いんだという説明である。

　私にはこれが唯一の合理的な説明のように思えた。

　ということは、やはり死後世界を実際に体験してみないといけない。怖いところだけでなく、安全なところもあるかもしれない。そこへ行けるようになれば、安心できるのではないか。

　実際、モンローは死後世界についてかなり詳しく本の中で語っていた。それによると、死後世界には実にさまざまな世界があり、地獄的なところもあれば、平和そうなところもある。一見、地上世界となんら変わらないように見える世界も多い。中でも彼が「公園」と呼んだ世界は、死んだ人が安心して受け入れられるところのように思えた。

　モンローはヘミシンクという方法を開発していて、テープが市販されていた。さっそく購入し、聴いてみた。そのころの私はヘミシンクを体外離脱を可能とする方法と誤解していた。聴いてもちっとも体外離脱できないので、これではだめだと思い、聴くのをやめてしまった。

　1990年の初めの2年間ほどは頻繁に体外離脱を体験していたのが、次第に頻度が減り、そのうち体脱することもなくなった。それと共に興味も薄れていった。

1995年には9年に及ぶ米国での生活に区切りをつけ、日本に帰国した。その後は、日々の忙しさに追われて、こういうことにはほとんど意識が行かない状態が続いた。

転機が訪れたのは2000年4月に46歳でリタイアして自由になってからである。ふんだんにある時間をなにに使うかと思っていると、ふと本棚の奥にしまいこんであったヘミシンクを思い出した。何年も前に頻繁にやっていた体脱を再度試みることにした。今回はヘミシンクをもう少し真剣に聴いてみようと思った。

ヘミシンクでは相変わらず体脱は起こらなかったが、その代わり、ときどき面白い体験をするようになった。それはヘミシンクを聴いているときだけでなく、寝ているときの夢で正夢を見たり、明晰夢と呼ばれる夢（夢の中で夢を見ていることに気づく）を見たりした。

ヘミシンクには何かあると思い、死後世界が体験できるということもあって、モンロー研究所での宿泊型のプログラムに参加してみることにした。ただ、死後世界を体験するライフラインに参加するには、その前に入門編であるゲートウェイ・ヴォエッジに参加する必要があった。

そこで2001年4月にまずゲートウェイ・ヴォエッジに参加した。すると、そこでは驚くべき体験が待っていた。詳しくは『死後体験』に譲るとして、ここではそこで学んだことがらを列挙したい。

●フォーカス10から21までの感覚をつかめた。
●フォーカス12で他の参加者が自分の部屋に肉体を離れてやってきたのを、その女性の香水の香りとして知覚した。
●過去世のひとつ（南洋の島での人生）の一場面を見せてもらった。
●参加者の一人の女性が夜、私の部屋に肉体を離れてやってきて小指をひっぱったのを、夢の中で知覚した。
●ガイドと交信した。
●後で重要な意味を持つようになるメッセージ（いくつかの画像）をもらった。

ゲートウェイ・ヴォエッジでヘミシンクの素晴らしさに感激し、その2か月後には待望のライフラインに参加した。そして、死後世界を体験することができた。

初めて死後世界を見たときの感激は今も忘れない。死後世界の行く先々で多くの人とその住む世界が見えた。今から思うに、ガイドたちが私に見せてくれていたに違いない。

その年の10月にはエクスプロレーション27というプログラムに参加して、死後世界をさらに詳しく知ることができた。それだけでなく、今回生まれてくる前にガイドたちとしたやり取りを追体験したり、過去世のいくつかを教えてもらったりした。

死後世界

モンローとモンロー研究所の長年の研究で死後世界の様子はかなり隅々まで詳細にわかってきた。その具体的な内容については、私はこれまでいろいろな本に書いてきた。

特に最近では、『あの世はある！』（ハート出版）がそのタイトルが示しているように、死後世界についてこれまでにわかってきたことをまとめたものだ。死後世界の詳細について知りたい人は同書を読まれることをお勧めしたい。

死後世界はフォーカス・レベルとして23から27までに対応する。

フォーカス23

ここはさらに二つの状態に分けることができる。

（1）物質世界のすぐそばに居続ける人たち

（2）自分の思いの作り出す世界の中に一人で居続ける人たち

いずれの場合も、フォーカス23にいる死者はまわりの人たちと意思の疎通ができず、一人で隔離されている場合が多い。

（1）の例としては、生前住んでいた家にそのまま住み続ける人、事故現場にい続ける人、病院にそのまま居続ける人など。ある場所にい続ける場合である。

（1）ではあるが、一か所に縛られていない人もまれにいる。彼らは自分が死んだことを認識しているが、自由気ままに移動し、人の夢の中に侵入したり、人を後ろから羽交い絞めにしたりする。

（2）の例としては、住んでいた家はとうの昔に取り壊されてしまったのに、自分の思いで家を作りだし、その中に住んでいる人、雪崩で死に、雪は溶けてなくなってるのに、自分の思いが雪を生み出し、その下に埋もれたままでいる人など。

フォーカス24～26　信念体系領域

死後世界では、「類は友を呼ぶ」原理が働き、同じような価値観を持つ人たちは互いに引き寄せあう。さらに、「想像は創造」の原理（思いが具現化される）によって、その集団の共通の思いに応じた世界が生み出される。

その結果、同じ信念、価値観を持つ人たちが集まって生み出した世界が信念、価値観に応じて数多く存在する。それぞれにいる人の数は数十人のものもあれば、数万人規模のものまである。フォーカス24から26までの番号の違いは、同じ信念でもどれだけ深く信じているかの違いである。24のほうが26よりも深く信じている。それぞれの世界に住む人たちにとって、そこは物質世界と変わらない現実世界である。

例としては、ある宗教の特定の宗派の人が集まっている世界、戦い続ける武者の集団、修行し続ける人たちの集まった世界など。

フォーカス27

ここは光と喜びにあふれた世界で、癒しと慈悲のエネルギーが満ちた世界である。

人はここまで来ると、しばらく休息をとった後、次の生へと進んでゆく。そのため、ここは中継点と呼ばれる。

次の生の選択肢はいくつもある。ただ、多くの人は人間体験を選択するようだ。人間体験は中毒性があるので、何度も体験したくなるらしい。

フォーカス27には次の生への移行をスムーズにできるよう手助けする機能が備わっている。死んだ人は次に挙げる場（センター）と呼ばれる領域を順に体験した後、次の生へと向かう。

◆受け入れの場（レセプション・センター）
◆癒しと再生の場（ヒーリング&リジェネレーション・センター）
◆教育の場（エデュケーション・センター）

◆計画の場（プランニング・センター）

ヘミシンクのすばらしい点は、こういう世界を実際に自分で体験できることだろう。人に言われたからとか、本に書いてあるからとかで、信じるというのではなく、自分で自ら体験して知ることができる。

死の恐怖の軽減

私の場合、今は死の恐怖はまったくない。ただ、こうなるのには10年近くかかったと思う。振り返ってみると、死の恐怖がなくなるのには、次のことが役立った。

- 死後世界に実際に何度も行き、その全体の構造と詳細をしっかりと知ったこと
- その中のフォーカス27という安全なところを知り、そこへ自分で行けるようになったこと
- 亡くなった何人かの知人に会い、話をしたこと
- ガイドとつながることができ、死後に対して安心感を持てるようになったこと

私はこういう形で死の恐怖から解放された。一度に解放されたというのではなく、少しずつ

だった。ヘミシンクを聴くことで私と同じように死の恐怖が軽減し、最終的にまったくなくなった人も多いと思う。

市販されているヘミシンクCDに、「ゴーイング・ホーム」というCDセットがある。これはモンローが『死ぬ瞬間』で有名なエリザベス・キューブラ・ロス博士、チャールズ・タート博士と共同開発したものだ。終末期の患者が死後世界を体験し、自分でフォーカス27へ行けるようになることで、死の恐怖を和らげる目的で作られた。

このCDセットがやろうとしていることは、基本的に私がやったことと同じである。だから、こういうふうに死後世界に慣れ親しむことで死の恐怖を和らげたり、なくしたりすることは一般化しやすい方法だと思う。

死の恐怖から解放されて初めて、これまでいかにこの怖れの重圧が重くのしかかっていたかわかる。こればっかりは、なくならないとわからないものだ。重たい服を常に着ていて、それに慣れっこになっているため、重い服を着ていることすら感じなくなっている。そういう状態にいるのが私たちだ。

それが死の怖れがなくなると、重い服を脱ぐように、身軽になる。これまでこんなに重い服を着ていたんだと初めて気がつくのだ。重い服を着っぱなしの人にはわからない。自分が重い服を着ていることが。それがどんなに重いかも。

第6章　幼少期の傷を癒す

第1章でお話ししたように、自分を制限する信念や怖れには、今回の人生で身についたものも多い。物心がつかないうちに身についてしまったものもあるだろうし、成長過程でさまざまな経験から身についたものもあるだろう。

言語が未発達の段階（おそらく2歳ぐらいまで）での経験と、発達した後での経験とでは、その影響に質的な差がある可能性もある。

私は小さいときから大の引っ込み思案だった。人前に出ることにただならぬ恐怖を覚えた。人前に出るのがいやだったのは、恥ずかしかったからではない。そういう感情よりも、ともかく怖いという思いが強かった。断崖絶壁に立ったら怖いと思うのと同じ感覚である。無条件に怖かった。

そういう私だったので、小学校に入ると、当然のことながら国語の授業のときに教科書を読まされるのが恐ろしかった。指名されて答えるのが恐怖だった。

なぜか毎年何かの委員をさせられたが、委員会に出るのも、みなの前でその結果を発表するのもいやでいやでしょうがなかった。

中学に入ると、学級委員をさせられることが多かった。3年になると全校生徒の前で発表する機会が2か月に一度やってきた。私は恐怖心から逃げ出したいという思いに常にかられていた。こういうことが大好きな人がいるのが信じられず、そういう性格ならさぞ楽だろうとうらやましく思った。

私は、自分は生まれつきそういう性格なんだと思っていた。どうしてそういう性格になったのかとは疑問に思わなかった。

成長するにつれ、徐々に場馴れしてきて、人前で話すことに対する恐怖心は薄れていったが、できれば大勢の前で話したくないという思いは残った。

ガイドから指摘されていたハートの詰まりも、この性格と関係しているかもしれなかった。

２００2年10月にハートラインに参加したのは、そういう性格の原因となった事柄について知りたかったという面もある。

ところが、いくつかのセッションで子供時代に戻ってもさっぱりわからなかった。モンロー研に来る場合、セッション中にうまくいかなくても、時差ボケのためか、夜中や早朝にうまくいくことがある。そういうことがあるので、ある朝4時ごろに目覚めるとベッドの中で瞑想し、自分の抱えている精神的な問題について整理してみた。以下、『死後体験』から載せる。


****

まず表面的にはあんまり問題はないと思えるが、一層下には二種類ある。

一つはここ30年間の仕事に関するもので、様々な場面で自分のやったことに対する悔やみ。もう一つはずっと古いもの。4、5才ごろから抱えている問題。人前に出ることの恐怖。人と会うことの恐怖。

これはその根元に母親から離れることの恐怖がある。よく家族に言われたのは、政道はいつもお母さんのスカートの端をつかんでいて放さなかったということだ。母親から一時も離れては過ごせなかった。学校に行く前のこと、覚えているのは、一人で床屋にも行けなかったことだ（幼稚園にはもちろん行ってない）。小学校に行くのが行き始めるまで不安だった。行き始めたら一週間もしないうちに慣れたが。

これは多分4才とかもっと小さいときにまでさかのぼると思う。この原因がどこにあるのか、これがよくわからない。ガイドと交信しながら、考えてみる。

おそらくこういったことは何かの恐怖に根差している。子供のころ、父親がいつもいらいらしていて、怒ってばかりいた。子供たちや母親を些細なことで怒鳴った。子供ながらにいつも震えていた。母が父に怒鳴られると4、5才のころからいつも母を守ろうと思った。

これはもしかしたらずっと小さいときからそうだったのかもしれない。物心が付く前から母を父から守ろうとしていた。ずっと小さかったときからだ。

そうだ。母に抱かれていたとき、いやそのもっと前、母のおなかにいたときからだ。母自身が父を恐れ、母自身を守ろうと思ったその思いが、そのまま私の思いになったのだ。

原因はわかったが、じゃ、どうやって癒したらいいのか。過去のおなかの中にいたときの自分や、母親をどう癒すのか。

さっきのセッションで教わったように過去の自分に会い、それを抱きしめて愛情で包んであげるのか。でもおなかの中のときの自分なんて会えるのか。ここまでベッドの上に座って書いてきたが、電気を消し、瞑想を続けることにした。

「過去の出来事を消し去ることはできないが、それが作った心の傷は消し去ることができる」

でも、父に怒鳴られるというのは日常的だったから、傷痕は無数にあることになって全部癒しきれるのか。

「大きなものからやってみよう。おなかの中にいたときのものから」

過去に戻るのか。

「そうだ」

しばらく待つ。

「まだ心がフォーカス15状態になってない」

フォーカス15へ行く。しばらくすると
「過去を体験する最新の装置を試してみたいですか」

「ええ。もちろん」

後ろへどんどん移動する。目の前にスクーターのようなものに乗った人が見える。それといっしょに移動している。

「今の意識を持ったまま過去へ行きます」

移動が止まった。一瞬、親指をくわえて体を丸くした赤ん坊の姿が見える。何かの中に浮いている感覚。父親の怒っている声が聞こえる。体がこわばり、縮み込む。しばらくしてほっとしている。リラックスしている。また恐怖に体がこわばっている。

ここでどうやってこの傷を癒したらいいのだろう。

「抱きしめたらいい。赤ん坊を自分自身を」

「もう大丈夫だよ」

そう言いながら、自分で自分を抱きしめる。少しほっとした。ただこれと同じ体験、傷が無数にあるのだ。一つずつ気長に癒していくしかないのか。

＊＊＊＊＊＊＊＊＊＊＊＊＊＊＊＊＊＊＊＊＊＊＊＊

原因は母のお腹の中にいたときにまで遡ることがわかった。

子どものころ、父がよくイライラして怒っていた。小さな私はそのつど怯えていた。そういう状況が胎児のときにすでに始まっていたのだ。

母自身が父を恐れ、母自身を守ろうと思ったその思いが、そのまま私の思いになっていた。別の機会にガイドから言われたのだが、小さいときから人前に出ることに強い恐怖心を持ったのは、母親の元から離れた外部の世界へ出ることが怖かったからだ。

それは父親が怖かったことが原因だ。子供は生まれると、父親が最初の外部の存在となる。だから父親が怖いと外部世界も怖いものとなる。私の場合は特に生まれる前から父親に対する恐怖心があった。だから、外部世界に出ることに対して強い恐怖心を持ったのだ。

この胎児期から幼少期にかけて心に刻まれた父親そして外部世界に対する強い恐怖心は、癒すのにかなりの年月と集中的なワークが必要だった。

「真実の自己」につながるのを妨げる障壁の中で何が一番大きいかは人によってかなり違うようだ。私の場合は、今回の人生で胎児期から幼少期、さらには子ども時代に身についてしまったものが、最大の要因だったようだ。

2002年のハートラインで、子どものころの自分に大きな問題があったことはわかったので、そのころの自分を救出しようとその後さまざまな機会に何度も試みた。が、まったく何も救出できなかった。何の反応もないという感じだった。

同じようにヘミシンクを聴いている他の人たちを見ると、けっこう早い段階で子どものころの自分を救出する体験をしている人が多い。

それに比べて、私の場合は、問題がいくつもあるのがわかっていたのに、子どものころの自分はひとりも救出できなかった。そういう自分にアクセスするのをがっちりとブロックしているようだった。この子ども時代の自分の救出は、私の場合、非常に重要なので、あらためて3冊目に書こうと思う。

第7章　囚われている過去世を救出する

覚醒への道を歩んでいくと、自分はこの人生だけでなく、他に何度も人生を生きたことを知るようになる。

たとえば私の場合は、ネイティブ・アメリカンや中央アジアの遊牧民、古代エジプトの神官、中世イギリスの農夫、中世オランダの女性、日本の武士、古代のシャーマンや戦士などなど。

中にはアトランティスやムーと呼ばれる超古代の文明での人生を思い出す人もいる。

こういった今の人生とは異なる他の人生を一般的に過去世または過去生と呼ぶ。ここでは、この通称を用いるが、高い意識レベルの視点から見ると、すべての生は同時に存在していると言うこともできる。『バシャール×坂本政道』にその視点について詳しく説明されている。本書ではその視点はとらない。

覚醒への道の途上で、いくつもの過去世を知るようになるのは、

①意識が時空を超えて広がり、他の時代、場所で生きていた自分を知覚できるようになる。
②囚われている過去世を救出することが覚醒にとって重要。
③殺す側と殺される側のようにさまざまな立場や価値観を体験してきたことを知る。

という理由が考えられる。

この章では、②の囚われている過去世を救出することについてお話ししたい。

第2章で見てきたように、覚醒するには自分を制限している信念や怖れを取り除く必要がある。そういう信念や怖れの中には過去世での体験が元になっているものもある。たとえば、過去世で川で溺れて死んだため、今生で川のそばに行くとなぜか怖くなる、というような例である。

私の場合は、子どものころ古代エジプトと聞くと怖いという強い思いが出てきた。世界史の図鑑が家にあり、ギリシャやローマのところは大好きでよく見ていたのだが、エジプトのこと

が書かれているページは怖くて開けられず、いつもそこを避けていた。

余談だが、昆虫図鑑のガのページも気持ちが悪くて、いつも飛ばしていた。要するにそれと同じ感覚だったので、みなもそうなんだろうと思っていて、不思議には思わなかった。

その後、成人するにつれて怖いという思いは薄れていったが、それでもときどき思い出すことがあった。

1955年に公開されたアメリカ映画に『ピラミッド』というのがある。大学のころだったか、夕方なにげなくテレビをつけたら、やっていた。その最後に大ピラミッド内で王の葬儀の場面がある。王の石棺の蓋が閉ざされると、突然、轟音が鳴り響き、巨石が降りてきてすべての通路を閉ざしてしまう。これまで陰謀を企てていた王妃は、側近らと共にピラミッド内に永遠に閉じ込められてしまうのだ。このシーンに私は何とも言えない戦慄《せんりつ》を覚えずにはいられなかった。最近では『ハムナプトラ』という映画でも同じように封印されてしまうシーンがあった。しかも今回は肉を食らう虫もいっしょに封印されるのである。

ここでも子どものころに感じていたおぞましさと怖れを思い出した。

私は人はみな古代エジプトに対して恐怖心を抱いているものと漠然と思っていた。

ところが10年ほど前、誰かと古代エジプトの話になり、その人が古代エジプトが大好きだと言ってるのを聞いて、こういう感情を持っているのは自分だけだと初めて気がついた。この恐れの原因が古代エジプトでの過去世にあるということが後でわかった。しかも、1回ではなく、2回の過去世が原因となっていた。

そのふたりを救出することで恐れは解消した。今では古代エジプトが大好きになった。

この例が示しているように、自分を制限する信念や怖れの原因が過去世にあり、元になっている過去世の自分が死後世界のフォーカス23に囚われていることがある。この例のように特定の対象についての怖れという形で、影響が表面に出ている場合もあるが、そうではなく、影響が間接的で直接現れていない場合もある。だから、制限する信念や怖れを持っていないように思えるからと言って、囚われている過去世がないということではない。

おそらくいくつもの過去世が囚われていて、その影響が間接的にではあるが、あると考えたほうがいいのではないだろうか。私の場合をこれから紹介するが、自分が考えていたよりもはるかに多くの過去世の自分が囚われていた。

そういう過去世を救出することが、制限する信念や怖れから自由になっていく上で重要だと思う。以下、これまでに救出した自分の過去世とその救出劇を紹介したい。

①南洋の青年

南洋の青年についてはこれまでに何回も本に書いてきたので、ご存知の方も多いと思う。

この人を救出することが私にとって重要度が極めて高かったらしく、1990年代半ばに初めて知った過去世がこの青年の子供時代だった。第4章にお話ししたが、アメリカから日本へ向かう飛行機の中で「天空の神殿」という古代の瞑想法を試したときに、追体験したのだ。

次に2001年4月のゲートウェイ・ヴォエッジでは、フォーカス15で過去世を見せてほしいとお願いすると、腰みのを付けた大勢の南国風の住民が海岸で何らかの儀式を行なう光景が見えた。そのときの自分は5歳ぐらいの子供だった。

ゲートウェイ・ヴォエッジでは、ガイドから重要なメッセージを5つもらうというセッションがあった。最重要メッセージは、海岸にあるアーチ状の岩だった。その意味はまったくわからなかったが、色鮮やかに見えた。その2か月後に初めてライフラインに参加した。ライフラインでは救出活動を積極的に行なう。

1回目の救出活動では、なぜか海の中へ入っていく。ただ、海底に岩が散乱しているほか、誰も見当たらなかった。2回目で岩を除いたりして、その下に閉じ込められている人の両腕がやっと見えてきたが、それでも救出はできなかった。一瞬、自分が岩の下に閉じ込められている人の視点になった。どうも、この南洋の青年だったときの自分が、岩の下敷きになっているようだった。

そしていよいよこれが最後というセッションになった。まず見えてきたのが海岸の浅瀬にある例のアーチ状の岩だった。やはり、ここが関係していたのだ。その岩のそばの海の中へ入っていく。以下『死後体験』からの抜粋を載せる。

海底に着いた。

「どこにいますか」

返事なし。移動しながら聞く。返事なし。

「ガイドさん、どうしてなんだ」

そう聞くと、

「心を開いてごらん」

目の前の水がゆらゆら揺れている。何かぬめぬめゆらゆらしたものがいる。

何となく控えめにちょっと期待しながら目の前にいる。

名前を聞くが返事がない。そのまままいっしょに上へ上がっていく。

水から出た瞬間、眩しいばかりの南国の海と砂浜を背景に、15才ぐらいの褐色の男の子が水面からぬっと出てきた。ポリネシアンか、黒人か。粘土色のぬめっとした髪が肩のちょっ

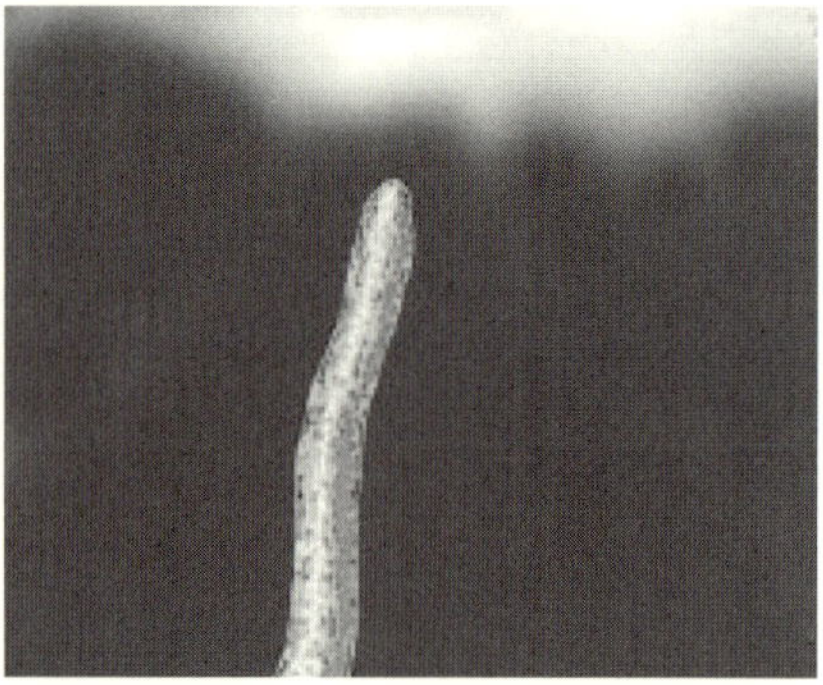

と上、耳の下ぐらいまで下がっている。二重瞼をちょっと伏し目がちにしている。

イメージは次の瞬間にはぬるぬるした把握のできないものに変わってしまった。一緒にさらに上へ昇って行く。姿がひょろ長いメタリックな巨大なヘビに変わった。情報を得ようとするがまったく得られない。

しばらくしてフォーカス27に着いた。着地用のポートが見えてきた。着地する場所は色鮮やかな赤。真ん中の部分が前に張り出している。奥には金色のデコレーションの建物が見える。

金色の衣装をまとった太った人が4、5人迎えに来た。いつの間にか、一緒にいた人は出迎えの連中の中に混ざっていて区別がつかない。皆そろって奥のほうへ歩いていき中に入った。

その後、この男性についてガイドから説明があった。以下、『死後体験』からとる。

この島には古いしきたりを守る部族と、守らない新しく入ってきた部族とがいた。二つの部族間には何かと対立、いがみ合いがあった。融和を図るため、両方の族長あるいはその

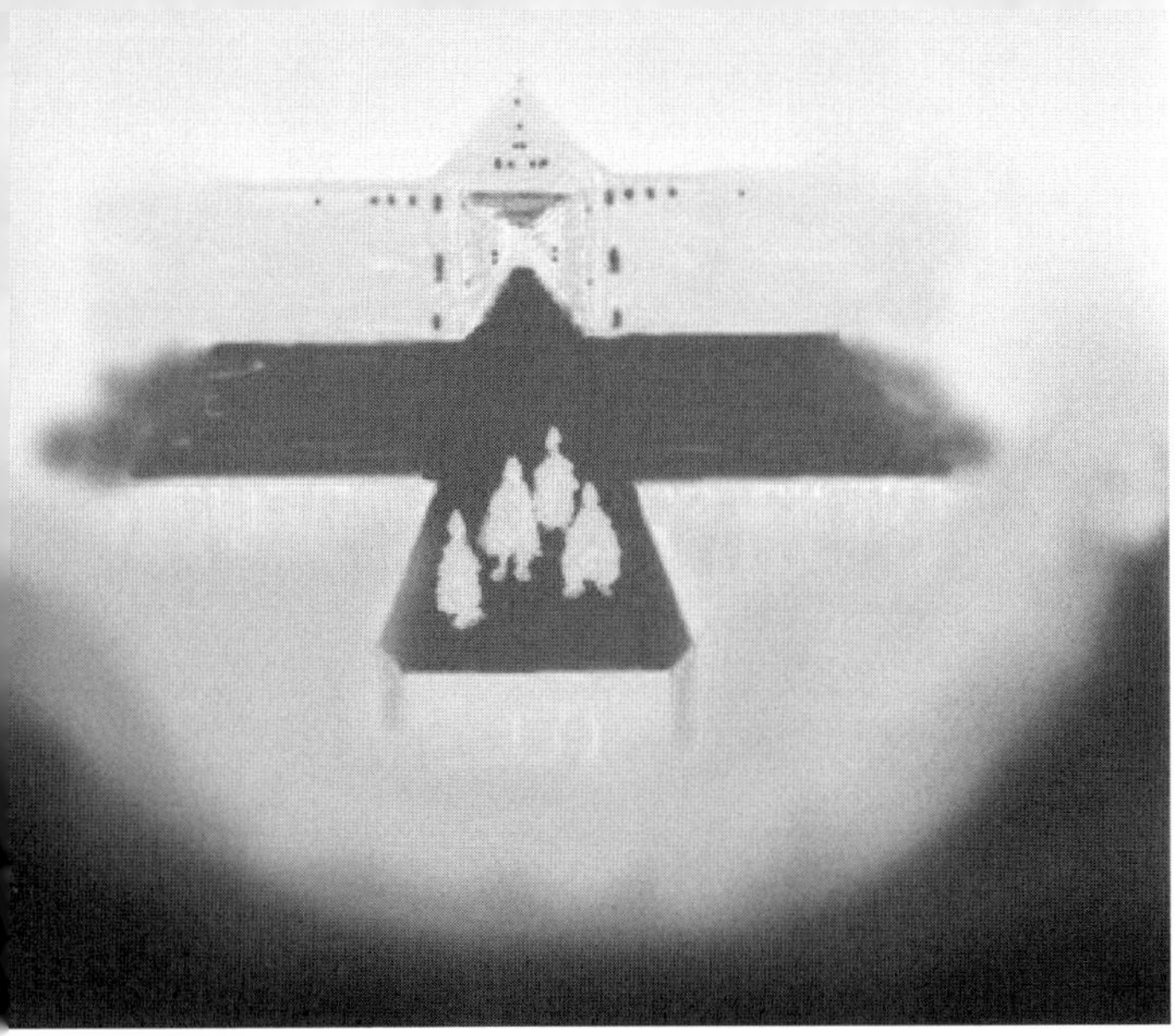

親族の中から一組の男女の子供が選ばれ、婚約した。それが私と家内である。ところが、古い部族の中の融和に反対する者達が私を殺害した。その後、両部族は戦になった。

ガイドによると、この過去世の私が殺されたのは、二人がタブーを犯してしまったからとのことだった。さらに聞くと、以下のことが伝わってきた。

ヤシが何本も生えているところの陰で、私はだれかと話している。相手の男性が言う。

「彼女が妊娠した相手はおまえか？」

「いやー、あのー、そのー」と私はお茶を濁している。

「おまえがしたことがどんなことなのか、わかってるのか。おまえらはタブーを破ったんだぞ。これでみんながやってきたことがすべて水の泡だ。反対する連中を説き伏せて、やっとここまでこぎつけたのに。ふたりがいいなずけになることで、やっと敵対関係が解けるということだったのに。これですべておじゃんだ。おまえらは大変なことになるぞ」

この男は親友のようだ。

「いいか、ひとつだけおまえらが罰を受けずに済む手がある。逃げるんだ。これから逃げて明日の朝早くにX岬まで行けば、隣の島との間の浅瀬が干潮で地続きになるんだ。そこを渡って、向こうの島へ逃げる。向こうは我々と仲がいいが、あいつらとは仲が悪い。こっちはあいつらと戦いになる。だから逃げてしばらく向こうにいるんだ。いいか。でも今晩中にあの岬まで行くんだ。そうでないと追っ手に捕まるぞ。さあ、行け」

この先は、夢の中で前に見た。追っ手に追いつかれて、私はその場で弓で射殺された。殺したのは彼女の兄だ。

彼女のその後はわからない。


この島がどこかについて、2011年にゲリー・ボーネル氏と対談したとき、ゲリー氏は多分バリ島だろうと言った。その北海岸とのことだった（『地球の『超』歩き方』（ヒカルランド）のp39参照）。確かに、救出した青年や島民の風貌、島の様子、フォーカス27の受け入れの場の様子は、ポリネシアというよりは東南アジア風で、バリ島というのは合っている可能性がある。いずれバリ島の北海岸に家内と行ってみたいと思っている。

②ネイティブ・アメリカンの戦士

ネイティブ・アメリカンの戦士について最初に情報を得たのは2001年6月のライフラインだった。あるセッションで過去世を見せてほしいと言うと、いくつかの映像の後に以下の体験が続いた。『死後体験』からとる。

ついで矢がどんどんこちらへ射掛けられて、馬に乗っている自分は逃げて行く。が、さらにどんどん矢が飛んでくる。どこでだったか今では覚えてないが、木で覆われた川の中に腰までつかって出られなくなった。矢に射られてここで死んだのだろうか。

情報はまだ断片的で、これだけでは全貌は見えなかった。この青年について次に情報をもらったのは、2001年10月にハートラインをとったときだ。ある朝、ガイドと交信していて、以下の情報が来た。『死後体験』からとる。

草原を馬に乗って走りまわっている人が見える。上半身は裸のようだ。皆で戦の練習をしている。走りながら矢を射る。おれは矢を射るのが大好きだ。馬に乗って走り風を切り、風になる。皆ではしゃぎながら走っている。おれは武者だ。父も武者だ。

ただ、救出できたのは8年後の2009年になってからだった。そのころ私はバシャールと交信できるようになり、バシャールの手助けを得て、過去世の自分を何人も救出することができた。以下、『分裂する未来―ダークサイドとの抗争』（ハート出版）から載せる。文中、会話の相手はバシャールである。


「まだ救出できていない過去世がいくつもあると思うのですが、今回はそれらの救出を試みたいと思います。

だいぶ前に見た過去世の映像で、ネイティブ・アメリカンの戦士だったときの映像があります。

自分が馬に乗って逃げていくと、川に追い込まれて、そこで矢が刺さって死んだんですが、彼はどうも救出する必要があると思います」

水面に木の葉か何かがびっしりと浮かんでいるシーンを思いだした。身動きがとれない。そして無数の矢が飛んでくるのだ。

「そうだ。救出をしたいか」

「はい」

「彼は若いネイティブ・アメリカンの戦士だった。青年たちのリーダー的な存在だった。

馬を操るのが得意で、馬上から矢を射ったり、槍を投げたりするのがうまかった。彼の父親は勇猛な戦士で、この部族の何人かいる長のひとりだった。父は彼以上に馬の扱いがうまかった。

当時、水やバッファローの権利を巡って、いくつかの部族の間でもめごとが起こっていた。次第にふたつの大きなグループに分かれて戦うようになった。

気がつくと、馬に乗って走っていく。隣に父が馬で走っている。

「敵は我々の襲撃に気づいていないはずです。今度は難しい戦いにはならないでしょう」

「敵を甘く見てはならないぞ。息子よ。準備を怠るな。明日の早朝に奇襲をかける」

翌朝、敵の集落に襲いかかる。

すると、驚くべきことに、敵はすでに準備を整えていた。しかも、他部族の戦士たちまでも大勢いるのだ。

「これでは勝ち目はない。撤退だ！」

父の叫び声が聞こえる。

きびすを返すと、今来た道を走って逃げる。

どこで道を間違ったのか、みなからはぐれ、森の中の水辺へ来てしまった。

浅瀬の中を馬で逃げる。水面に木の葉だろうか、何かが一面に浮かんでいる。背に敵の気配を感じながらも、なお逃げていく。

「このままでは追いつかれる！」

浅瀬にはまって、進む速度ががくんと落ちた。矢が飛んでくる音。

まわりに落ちる。なおも行くと、さらに何本もの矢が飛んできて、体じゅうに刺さった。

「馬から落ちてはいないぞ。まだ逃げられる」

そう思いながら、必死で逃げようとする。

「このまま捕まったら、辱めを受ける。それはいやだ。何とか逃げ延びねば」

馬上で前に突っ伏した格好で、なおも逃げようと思っている。

「でも、なんで俺は死なないんだ。これだけ矢が刺さったのに。早く逃げないと、敵に追いつかれるぞ」

とうの昔に死んだのに、彼はいつまでもそのままの状態でいるのだ。自分が死んだことに気づかずに。その思いの中にどっぷり浸かって、堂々巡りをしている。

「どうやって救出したらいいだろうか」

そう尋ねると、バシャールが答えた。

「イマジネーションを使えばいい」

ともかく、そこへ行ってみることにする。

ふと気がつくと、自分は白っぽい服をまとい、金色に輝いているのだ。

何かの神なのだろうか。馬に乗っているようだ。

この男のほうへ中空から近寄りながら、声をかける。

「ヌマンチェクよ。そちは死んだのじゃ」

「えっ？　そうだったんですか。……ということは、あなたは風の神ですか？」

なんだかわからないが、この際そういうことにする。

「いっしょに参ろう」

男は私の馬に飛び乗ってきた。実に身軽だ。

馬で走り出すと、空へ舞い上がっていく。

「すごい。空を飛ぶんだ。一度でいいから、こういうふうに飛んでみたかったんだ。これはすごいぞ」

男は単純に喜んでいる。実にシンプルな男だ。

すぐに草原に来た。男は何かを見出したのか、馬から飛び降りると前方へ走っていった。

父親と仲間たちだ。

男はその中へ入ると、喜び勇んで、そのまま前方へと消えていった。

「ありがとよ、じいさん」

と、男が言ってるような気がした。

「えっ？　じいさん」

そういえば、自分は長い白髭を生やした老人のような感じがする。

実は、このときの妻が今の家内の過去世だった。妻は私たちの帰りを集落で待っていた。そこへ敵が攻めてきた。ところが、そういう肝心なときに私がいなかった。

家内はそのときの記憶を今でもどこかで覚えているのか、今生でもよく言われる。「あなたはいつも肝心なときに、いないんだから」と。

③古代エジプトの神官

この章の初めにお話ししたが、私は子供のときから古代エジプトが薄気味悪くて怖くてしかたがなかった。

その理由の一部がわかったのは、2008年3月にスターラインズⅡが初めて開催され、それに参加するためにモンロー研究所を訪れたときだ。

ある晩のこと、眠れないで考え事をしていると、フォーカス23のような感じの暗い中に池が見える。数ヶ月前にどこかの鍾乳洞で泳いでいてそのまま戻らなかった学生がいたことを思い出した。もしかしたら、ここにいるのかもしれない。救出することにする。以下、『目覚めよ地球人』（ハート出版）より載せる（一部修正）。

サーチライトをつけて壁を照らし、エナージー・バー・ツール（ＥＢＴ）で壁に穴を開け、さらに照射を続けると、地上の光が差し込んできた。

穴は上のほうにあるので、このままでは出られない。綱梯子を垂らすことにする。

「ここから出られますよ」

と大声で呼ぶと、なにやら猪のような人のような姿のものが、綱梯子を登っていった。

自分も急いで後を追い外へ出た。そのままそこにいると出られなくなるような気がしたのだ。

地上に出てから穴の中を見ると、何か怖い、ドロドロしたものを感じる。

ここで、リリース＆リチャージを思い出した。もしかしたら、この中に手を入れると、自分の恐怖のもとになった体験が取り出せるのではないか。そう思い、恐る恐る手を入れて、何かをつかんで、取り出した。

すると、全身がタールのようなもので覆われた大男が出てきた。

そして、男は日の光を浴びながら、ゆっくりと石段を登っていく。光を浴びるとタールは徐々にはげ落ちていく。

頭を剃った上半身裸の体格のいい男だ。

この男はエジプトで神官をしていたときの自分だ。

男は胸を張り、ゆっくりと石段を踏みしめながら登って行き、右へ曲がると建物の中へ入って行った。

フォーカス27へ行ったと思う。

彼は、神官のトップだったが、政争に巻き込まれ、殺された。残酷な死に方をした。ピラミッドのような石でできた建物の中へ閉じ込められて死んだのだ。動物か何か、人を食い殺すものといっしょに。

あるいは棺桶に入れられ、中に何かの、これまたおぞましいものと一緒に閉じ込められたのかもしれない。映画『ハムナプトラ』に出てくるミーラ男と同じような殺され方だ。

ただ、詳細は知らないほうがいいとのことだ。


古代エジプトに対する私の恐怖心の原因はこの人だけではなかった。もう一人いた。

先ほど、バシャールとつながることで何人も過去世の自分を救出したと書いたが、この人もそうだ。

④古代エジプトの若い僧

『分裂する未来』（ハート出版）からとる。会話の相手はバシャールである。

「過去世に起因するトラウマをさらに解消したいと思います。日本とは限らないので、どこでもいいから問題となっている過去世を体験し、救出したい」

「いいだろう」

目をつぶり、手で顔を覆って暗くする。

「これはエジプトでの人生だ」

しばらく待つ。

自分は今、何かの罪で裁きを受けているところだ。自分は若い僧だ。僧としての規則を守らなかったために罰せられるのだ。

ファラオに仕える女官のひとりと恋に落ち、それがばれてファラオの怒りをかったのだ。

判決は死罪。自分はぞっとして身悶えている。

というのは、殺される前に拷問を受けるからだ。拷問の末に石棺に閉じ込められて、そのまま地中に埋められる。耐えられない。

「この男を救出したい」

「いいだろう」

彼はどこにいるのだろうか？

「そのまま石棺の中にいる。自分はまだ死んでいないと思っている。半分眠ったような、起きたような状態にいる」

その男のことを思ってみる。どうやったら救出できるだろうか。

いいアイデアが浮かんだ。

「王の許しが出ました。ここから出ていいですよ。何か特別なことがあったので、恩赦が出ました。ここから出られまーす」

「え？　誰だい？」

「王の許しが出ました。ここから出られますよ」

「え、そうなのかい」

「そうです。今から蓋を開けますからね。まぶしいですけど、がまんしてください」

ゆっくりと重い石棺の蓋を開けた（つもりになる）。男はそこからよろよろと出てきたようだ。

（まったく何も見えないが、出てきたことにする）。

「あなたはどこにいるんですか?」

男はけげんそうにしている。

「そこに梯子がありますから、それを登って上へきてください。そこにいますよ」

男は梯子を登り、上のまぶしい世界へと出ていった。

そこには知人の僧たちが待っていた。彼らはいっしょになって、そのまま光の中へと消えていった。

「うまくできたじゃないか」

そう誰かが話しかけてきた。バシャールではなさそうだ。

「私はあの男のガイドだ。つまり、あなたのガイドでもあるのだが。救出してくれて、どうもありがとう。彼はこれまでずっとあそこに閉じ込められていたんだ」

『分裂する未来』(ハート出版)では、さらに何人もの過去世を救出している。それらをまとめて載せたい。

⑤名もなき武将

「あなたは恐れが強い。前にも言ったが、妻を失う恐れ、切られることの恐れ。これらは過去世に起因している」

「これらから自由になるにはどうしたらいいのですか」

「前にも言ったが、生命エネルギーを取り込めば解放できる。エネルギー体や肉体のそれぞれ特定の場所に捉えられているので、それを解放する。ただ、過去世を実際に体験することも大切な場合もある」

「それでは原因となっている過去世を体験してみたいです」

「それでは始めよう」

目を閉じる。

「呼び水的に想像を膨らますことも必要だ。あなたは馬に乗って走っている」

前に馬の首と頭が見えるような感じだ。

「攻撃だ、敵はあちらの方向にいる。みなのもの、突撃！」

そう叫ぶと、「わー」と声をあげて突進していく。ほら貝の響きが聞こえる。

「殿─」といっしょについて来る者の声が聞こえる。

「ひで、遅れるでない」

そのまま馬でかけていく。

が、敵影は……ない。

「いないではないか。では、こちらの方角だ」

そういって、きびすを返すと右手の方角へかけていく。ひでが後からかけてくる。

「殿──」と言う声が聞こえる。

「こちらにもおらぬか、一体どこへ逃げおおせたか」

しばらく馬を走らせるが、なぜかそのうちに屋敷内にいるようだ。

「殿、もう敵はどこにもおりませぬ。それどころか、われらに従う者どもも、気がつくと小数になっておりまする。もう戦いは終わりましたぞ」

「そうかのう、戦いはもう終わったか」

「さようでございます。戦いは終わりました。やっとお気づきになられて、うれしゅう存じます」

「そうか、終わったか。戦いは終わったか」

「さようで」

「じゃ、少し休んでのんびりやるか。これまで戦いが終わることをずっと夢見てきた。それがやっと終わったか。これで少し休めるのう、ひで」

「さようでございます」

「それでは、これから何をしようぞ。阿弥陀仏でも拝むか。寺へでも行こうかの」

「そうですな、ほれ、そこのふすまを開ければ、寺への通路がありますぞ」

「彼はＦ23に長らく囚われていた武将だ。ヘルパーがひでの姿になって救出しようとずっと努力していた。

今やっと彼の助言に気づいて、戦いから注意を別のほうに向けることができたのだ。そこでヘルパーは彼を救出することができた。

今、彼はＦ27へと無事連れて行かれた。ありがとう。

実は、前の救出活動で大勢いた配下の者たちはほとんど救出されていたのだ。そのときはＦ25にいたのだが、ひとりになってからはＦ23へ移って、そこでひとりで敵を探していたのだ」

「彼の名は？」

「戦国時代の名もない武将だ」

野沢次郎兼実（かねざね）？という名が浮かぶ。ただ、不確かだ。

「彼が今Ｆ27でどうしているか見てみたいか」

「はい、もちろん」

目を閉じる。

「彼は今、寺の境内にいる。ところで彼はあなたの過去世だ。わかっていると思うが。

彼はここに来て、これまで何年も会ってなかったさまざまな人たちに会うことができたので、ここは極楽浄土か、あるいは何か特別なところだと思うようになってきている。

今、感謝のお経をあげているところだ。脇にいるのは僧侶だが、彼を見守っているヘルパーだ。

今、経が終わった。これからふたりで境内を散歩する。ヘルパーは彼と共にいて、彼にこの様子を見せるのだが、それを通して、ここがどこかを徐々に教えていく。ここは彼の時代に合った作りになっている。

あなたは何かを感じるか、解放感とか」

「いや、特に何も」

と言いながら、突然めまいがする。ぐらっときた。

「解放が起こると肉体上にも変化が出る。それがめまいとして感じられたのだろう。これまでエネルギーの流れがブロックされていた部分が解放されて流れが良くなったので、全身のエネルギーの流れのバランスが変わったのだ。それがめまいの原因だ。しばらく続くが、問題はない」

「野沢という名前からして、野沢温泉のある地域の出ですか?」

「情報をスキャンする。前に言ったように日本語での情報なので、我々には正しく把握することが難しい」

しばらくして、

「彼の祖先は確かにその地域の出だが、その後で別の地へ移った。それほど遠いところではない。彼は次男だ。20名ほどの者が配下にいた。領地には農民が働いている」

稲穂だろうか黄色く実った田が広がる光景が見える。

「彼は領主に仕えていて、地域の領土争いに巻き込まれ、戦いで命を落とした。時代は1400年代後半から1500年代初めだ」

⑥老貴婦人

「また問題になっている過去世を救出したいのですが」

「いいだろう。あなたはそういう過去世を10個ほど持っている。重要なのが3つある」

「そのひとつを解消したい」

「いいだろう」

「今回は女性だ」

目を閉じて、目の前の暗闇に意識を集中する。

部屋の中が見える。洋風の部屋だ。背もたれのあるイスに女性が座っている。

年をとっている。80歳ぐらいだろうか。ロシア人という印象だ。貴婦人という印象もある。

「彼女は寝ている間に心臓麻痺のような原因で死んだ。そのため、自分が死んだことに気がついていない。半分寝ているような、起きているような状態にいる。そういう状態でずっといるのだ」

部屋の様子が次第に明らかになってきた。20畳ほどの部屋で、貴族の館にあるようなビクトリア調の造りだ。それに見合った調度品がある。部屋の真ん中にイスがあり、そこに女性が腰をかけている。

さて、どうやって目を覚まさせるかだが。ともかく声をかけてみよう。

「あのー、すみません」

「はい、はい、だれだね」

目を開けてあたりを見回しているのだろうか。

「あー、ソフィアだね。いやいや、違うね。ソフィアは確か女の子だったね。あんたはだれだい?」

「あのー、ソフィアの友達のヤコブです」

「ほう、そうかい。そんな子がいたかね。まーいいか」

「外は明るくてきれいですよ」

・

彼女は興味を示して、イスから立ち上がると、窓際へ歩いていった。

窓にあるカーテンを開けようとして、窓際のひもを引っ張ると、反対にカーテンは閉まってしまった。

すぐに気がつくと、もうひとつのひもを引き、カーテンを開けた。

外は緑の草が木々の作る影と強いコントラストを作っていた。

彼女はこの光景に目を見張り、急いで外へ出て行った。

「まー、美しい」

彼女の声は10歳ぐらいの女の子の声に変わっていた。そして姿もそうなっていた。まるで、宮崎駿の「ハウルの動く城」に出てくるソフィーのようだ。何で名前が似てるんだろうか。

「ねー、森の向こうに川と橋があるよ。そこまで行こう」

そう言うと、彼女もいっしょに向こうへ走っていく。

いつの間にか、ふたりは空を飛んでいた。彼女が怖がらないかちょっと心配になった。

「わー、夢の中みたいだわ」

彼女は怖がるどころか、空を飛ぶのを楽しんでいる。

「ここは夢の国だわ」

そのまま上へと上がっていく。向こうのほうに川と橋が見えてきた。

「ここへ来たことがあるわ」

その先へと着く。

すると前方に人が数人迎えに来ていた。

「あっ、おかあさん、おとうさん」

女の子はかけよると、抱きしめられた。迎えのひとりがこちらに目で合図した。

「ごくろうさん、もう帰っていいよ」

その場を離れる。

「今週1週間は水分をたくさん補給したほうがいい。エネルギー的な解放が起こるので、それを助けるためだ。コーヒーよりも紅茶がいい」

⑦軍議を続ける武将

「もう一件救出したいと思います」

「いいだろう。今度は日本だ。また武将だ。部屋の中にいる」

床机に腰掛けた武将がいる。軍議の最中だ。

「殿、敵は四方から攻めあがってきています。我々の手下どもにも恐れをなして密かに逃走するものが続出しております。打って出るか、ここに籠城するか、早いご決断を」

「籠城といったって、この城じゃ無理だろう。それに兵糧の蓄えもない。打って出るしかないだろう。ただ、打って出たその先、勝算はあるのか」

「まわりを敵に囲まれており、遠方に逃げおおせたとしても、我がほうに味方する国はありませぬ」

「それでは討ち死に覚悟で行くしかないな」

「さようでございます」

「では、妻は、子供はどうするのだ?」

「今のうちなら夜陰にまぎれて逃げることも可能かと」

「でも、その先はどこへ逃げるのじゃ」

「どこもございませぬ」

「うむ。どうすればいいのだ」

「折を見て自害を覚悟していただくしか……」

「で、敵は何人だ」

「少なく見ても二万。それに対する我がほうは、今井の次郎の手勢が四五〇、秀勝の手勢が三五〇、わが手勢が二五〇でございます」

「さようか。問題は敵のどこを突くかだ。どこが一番手薄じゃ」

「手薄なところなどござりませぬ」

見ていると、彼らはこういう議論を延々と繰り返しているのだ。

「彼らはフォーカス25に囚われているんですね」

「そうではない。フォーカス23だ。武将ひとりがそこに囚われている。すべてあの男の思いの中だ。みな彼の夢の中のことだ」

「ずっとどうどうめぐりをしてるんですね」

「そうだ」

「では救出に行ってきます」

どうやって救出するかだが。

いい考えがひらめいた。

「申し上げます。申し上げます」

「なんじゃ、何者じゃ、おぬしは。見たことがないの」

「は、はー。秀勝が配下の者、初めてお目通りいたします」

「して、用件は？」

「はっ、今、知らせがあり、XX口の敵勢がなぜか引いていて、そこを通って脱出することができます。奥方殿と若君はすでにそちらから抜け出たということです。殿もお急ぎください」

「どこへ逃げようと言うのだ」

「今援軍の知らせがあり、上田秋成殿の軍勢が北三里の地に到着したということです」

「なに！　そうか。でも、聞いたことがない名前だな。まーいい。では参るぞ」

上田秋成って、江戸時代に雨月物語を書いた人じゃないか。やばい。そう思いながら、外へ出る。

「敵は逃げおおせたか。卑怯者めが」

武将はそう言いながら、急坂を駆け上がっていく。

「こんな坂はあったかな」

さらに上がっていくと、明るいところへ出た。

草原に甲冑をまとった騎乗の武士の一群がいる。

「殿、お味方の軍勢です」

「おー、そうか」

いつの間にか、彼は馬にまたがり、その軍勢と右手のほうへ駆け去っていった。

「うまくいったね。でも、上田秋成とはびっくりしたね」

「自分でもなんでその名前を思いついたかわからないです」

⑧海でおぼれた少年

「過去世を救出したいと思います」

「ここまでハートに生命エネルギーをたくさん取り込んできたので、新たに救出できるようになった過去世がいくつもある。それではどれを救出したいか」

「そう言われてもわからないのでお任せします」

熱海にくるといつも海のイメージが見えてくるので、海に関連するものにしたいと思う。

「いいだろう。これはかなり昔の過去世だ。あなたは海でおぼれて死んだ。まだ子供だった。男の子だ。海に船で漁に出ているときだ」

青い海。自分は船の中央部にいるのか、船の先の部分が見える。網を投げるときか、網にからまったまま、海へ落ちてしまった。

網から出られない。そのまま沈んでいく。

上に青黒い水面が見える。もがいても出られない。

「この子は今では半分眠ったような状態にいる」

どうやって救出しようか。

さっきやったセッションでイルカと泳ぐというのがあった。

それが頭にあったからか、自分はイルカになっていた。

子供のところへ泳いでいく。自分は海の精だ。鼻先でつんつんと子供をつつく。

「おきなさい、おきなさい」

もう一度つつく。目が覚めたようだ。

「ここから出られないよ」

「私は海の神様。だから、あなたをここから出してあげるよ」

そう言うと、子供を網ごと頭で押して、ひょいっと陸のほうへ放り投げた。

どうやらここは浜からすぐ沖だったらしい。子供は網ごと砂浜に飛んでいった。

子供は網から出てきた。

私はいつの間にか大人の男になって砂浜で子供を待っている。子供といっしょになると浜を歩いていく。

すぐに両親が迎えにきたのか、子供は喜び勇んで向こうへ走っていった。

「おじさん、ありがとう」そういう声が聞こえてきた。

⑨落ちこぼれの十字軍の騎士

「あなたは十字軍の騎士だった。南イギリスの騎士だ。エルサレムへ遠征する途中でドロップアウトして、南仏に住み着いてしまった。

元々あまりキリスト教を信じていなかったが、地元の騎士たちが行くので仕方なく出たようなところがある。

そういう気持ちだったので、病気になったのをいいことに、南仏に留まった」

現地の娘ともいい仲になったようだ。

イメージが見える。

明るい青空の下、畑が広がるところに、小屋がある。

この中に住んだようだ。

イギリスの妻子のところへ戻るべきか、エルサレムへ行くべきか、それとも、ここに留まるべきか悩んでいた。ただ、病気が悪化して2年ほどで死んだ。

とりあえずこの男に会いにいくことにする。彼はそのまま悩みながら、その小屋にいるようだ。死んだ友人の姿で行くことにする。

「おまえは死んだはずなのに、悪魔か！」

「あなたはキリスト教を信じてないし、悪魔なんかいないことを知ってるだろう。私は死んだが、あなたも同じなのだ」

「同じって、死んだってことか」

「そうだ。病気で死んだんだよ」

「気がつかなかったな」

「あなたが求めていた新しい道を教えてあげるよ。いっしょに来てくれ。先生がいるんだ」

戸を開けて戸外へ。

そこは青空の草原だった。そのまま、いっしょに歩いていく。

しばらくいくと、イギリスに残した妻が現れた。

「なんでおまえもいるのだ」

「あなたが亡くなって数年後に死んだのよ」

妻はそういうことを言ってる様子だ。そのまま、騎士は妻と二人で歩いていった。

⑩黒い甲冑の武士

「心の詰まりの最大の原因となっていると考えられる過去世を救出したいと思います。あの全身に矢が刺さったような形で死んだ過去世です」

「いいだろう。でもこれまで何度も救出しようとして、うまくいかなかった。今回はこれまでとは違った方法をとることにする」

「違った方法?」

「そうだ。この過去世の男は、いまだに痛みと恐怖の苦しみの中にある。あなたはその苦しみを感じないように、そのまわりに鉄でできた箱を作って、しっかりとガードするようになった。真っ黒な鎧のような鉄の箱のイメージを見たことがあるだろう」

「はい、あります」

「その箱の中にその男は閉じ込められているというふうにも言える。これからするのは、この箱にレーザービームを照射して、穴を開けることだ」

目の前に箱をイメージする。まず手前の面の端にレーザービームを照射する。少しずつビームを動かして切っていく。四角く切り抜き、鉄の板をはがしとる。うまくいったようだ。

次に、隣の面に同じことをする。これもはがれたようだ。

さらに隣というふうに4面に四角く穴を開けた。

ちょうど4本の柱で上の面と下の面が支えられているような形になった。

さらに4本の柱の上の部分を切り取り、上の面を取り去る。次いで残った柱と下の面を取り去る。

箱はすべて取り除くことができた。

中には何か真綿で覆われたような丸みを帯びたものがある。

そこへ柔らかな、暖かい光を送ってみる。ただ愛情たっぷりな光を送る必要がある。

そうだ、子供のことを思い出そう。そうすれば、少しは愛情を思い出せる。

「それでは、この男性の母親を呼びなさい」

母親か。よくわからないが、母親がここへ来たことにする。

この男の名前はなんと言うのだろう。呼びかけるには名前がいるのだが。まー、いいか。適当にやろう。

「そなたや、目を覚まされたか」

「え?……あっ、母上、母上ではござらぬか!」

少年の声だ。男はいつの間にか少年になっていた。

少年は母の胸に飛び込んだようだ。

しっかりと抱きしめられる。そうイメージしながら、私は自分を抱きしめる。

「そなたはもう安心していいのですよ。もうどこへも行かなくていいのです。このままいつまでも……」

少年は安心して、いつまでも母の胸の中に抱かれていた。

「鉄の箱はレーザービームなんかでは簡単に取り除けるはずはない、とあなたは思ってるかもしれない。でも、これはこの男が、つまりあなたが心の中に作ったものなのだ。だから、あなたがレーザービームで取り除こうと意図することで、消え去るものなのだ。自分で作ったのだから、自分で意図さえすれば消し去ることができる。あなたは今、消し去ろうと意図した。だから消え去ったのだ」

翌日、もう一度バシャールにコンタクトする。


「彼は今どうしていますか」

「彼はまだ母の胸の中で眠っていて、癒されている。彼には癒しが必要だ」

「彼は、どこの誰で、どういうふうに死んだんですか」

「当時その地域ではよく知られた実力派の武士だった。だからと言って、今の人たちに知られているわけではないが。

彼は仇敵との戦いで味方の裏切りに合い、敗れて死んだ。

最後は敵に果敢に向かっていった。そのとき多数の矢が飛んできて、全身に刺さった。すぐには死ななかったので、裏切った味方を恨み、怒り、また、傷の耐え難い痛みに苦しんだ。その過程で、残した妻のことが脳裏をよぎったりした。彼はその苦しみの中に囚われてしまった」

「名前は?」

うまくダウンロードできない。美濃の土岐氏の誰かのような気もする。土岐三郎XX、よくわからない。

⑪アトランティス最後の時代の神官

かなりの数の過去世の自分を救出したので、2011年になるころには、救出すべき状態にある自分はほとんどいないだろうと思うようになっていた。ところが、まだ一人メジャーな存在が残されていた。それは超古代のアトランティス人の神官だった。

実はこれまでに何人かの人に、私は古代アトランティスの滅亡の時代に神官をしていたと言われたことがあった。その神官は、失敗した、うまくいかなかったという強い思いを抱いて死んだとのことだった。

たとえば、2010年10月に中丸薫さんと対談したときにも、それに近いことを指摘された(対談内容は、『宇宙のニューバイブレーション』(ヒカルランド)に載っている)。

それから、2011年3月のゲリー・ボーネルさんとの対談でも、「坂本さんは非常に古代の悲しみを持っています。それはアトランティス文明の終わりのころで、坂本さんはリーダーだったが、みなが去ってしまった」と言われた(対談内容は、『地球の『超』歩き方』(ヒカルランド)に載っている)。

この神官の救出の話に入る前に、そもそもアトランティスとは何ぞやと思う方もいらっしゃるはずなので、アトランティスについてお話ししたい。

バシャールが『バシャール×坂本政道』の中で詳しく解説している。ただ、アトランティスについて話すには、結局のところその前のムー（レムリア）や人類の起源についても話す必要が出てくる。ということで、少し長くなるが、人類の起源について『バシャール×坂本政道』に書かれていることをまとめる。

＊＊＊＊＊＊＊＊＊＊＊＊＊＊＊＊＊＊＊＊＊

バシャールによる人類の起源

太古アヌンナキと呼ばれる異星人がいた。アヌンナキはこの物質宇宙とは少し違う振動数の次元にある星系から、この宇宙へやってきて、地球から見てこと座にある星やオリオン座のリゲルに植民地を作った。

リゲルからはさらにオリオン座の三ツ星のひとつであるミンタカと呼ばれる星にも住みついた。

さらに、こと座の星やオリオン座のリゲル、ミンタカからプレアデス星団にも植民地を作った。このプレアデスの人たちはその後、進化してプレアデス人と呼ばれるようになった。

オリオン座のリゲルとミンタカにいたアヌンナキたちは、今から50万年前に地球へやってきた。当時、前人類と呼ばれる存在が地球にいたが、アヌンナキは彼らに遺伝子操作を施して人類が生まれた。彼らは古代レムリア（ムー）人となる。

古代ムー人は、古代のアヌンナキに肉体的にも見た目も近い形をしていた。青い色の肌をもっていた。それは、血液が鉄ではなく銅を含み、青みがかっていたためである。彼らの肉体は今ほどには酸素を処理していなかったが、酸素量の多い地球の環境で何世代も遺伝を繰り返していくうちに、環境に適応して、血液が赤みを増した。

その後、30万年間、他のどの宇宙人とも交流はなかった。

ムーは太平洋に広がっていた。アジアともつながっていた。ハワイ、日本の一部、東南アジア、中国の一部、ロシアの一部も含まれていた。ムーの人々は自然に従って生きていた。論理よりも直感に従い、思考よりも感覚に従って生きていた。

今から20万年前ごろから、シリウスやプレアデスとの交流が始まり、さらに、オリオン座のいくつかの文明とも交流が始まる。さらに、アークトゥルスからの影響も受けるようになる。

ムーは数万年間の地質学的な変化で徐々に海底に沈んでいき崩壊した。ただ、ムーはアジア、アフリカ、オーストラリア、南北アメリカなど世界各地に植民地を持っていた。

いくつかの植民地が発展し、インドやアジアで古代文明をつくった。その一つがシャンバラである。アジアに広がった古代文明のいくつかが核兵器を発達させ、戦いで使用された。

ムーの植民地の人々が北アメリカに到達したのが5万年前。その後、南下していき、アトランティスと呼ばれる大陸に到達したのが3万年ほど前。

アトランティスは3万年前から1万2000年前まで続いた。

アトランティス大陸のあったところは、アメリカ大陸の東海岸、キューバ、プエルトリコ、フロリダの一部、バハマなど。当時は氷河期だったので、海面が今よりも90メートルほど低かった。そのため、これらの地域はつながって、一つないしは二つの大きな大陸になっていた。


アトランティスの科学技術は約3万年から1万5000年前にピークに達した。空中浮遊について理解していた。クリスタルを振動させて電力や光を作る方法を知っていた。空気よりも軽い船を持っていた。長距離コミュニケーションの手段も持っていた。

次第にポジティヴな人々とネガティヴな人々に分裂した。ネガティヴな人々は遺伝子の知識を使って人間と動物の雑種を作り、それを奴隷にしようとした。

また軍事的な征服者になった。他の文明と衝突も多くあった。

次第にアトランティスの中には多くの混乱が生じ、それが崩壊へとつながっていった。

1万2000年前に直径数百メートルの巨大隕石が2つ大西洋に落ち、高さ300メートルの津波によりアトランティスは崩壊した。衝突による気象の変化によって、氷河が溶け、海面が約90メートル上昇。アトランティス大陸のあったところは、いくつかの島になった。この津波によって世界中の文明は一瞬にして滅亡した。

意識の振動数

バシャールによると、現代人は平均で7万6000回／秒。ムーの人々の平均的な振動数は17万から18万回／秒。アトランティスの人々の平均的な振動数は、初期の段階で14万から15万回／秒、その後、多くの変化が生じ、振動数は下がった。

＊＊＊＊＊＊＊＊＊＊＊＊＊＊＊＊＊＊＊＊＊

アトランティス人神官の救出

それではアトランティス人の神官を救出する話に入る。2011年1月28日に行なったフォーカス42のセッションでのことだ。そのときの記録を載せたい。

フォーカス42の宇宙ステーション・アルファ・スクエアードへ。さらにポータルルームへ。

「今回はどこへ行ったらいいですか？」

とスタッフに聞く。

アトランティスという言葉が浮かぶ。

「そう、アトランティスの最後のときに行く必要がある」

「どうしてですか？」

「あなたはその時代に神官だった。隕石が落ちてくることを知っていて、みなを避難させたが、波は予想をはるかに越え、みな大波にのまれて死んだ。そのときの体験がトラウマになっている」

「まだフォーカス23にいるのですか？」

「そうだ。いっしょに1万人ほどが同じ状態に囚われている。それを救出する必要がある。まず、隕石がふたつ落ちる場面から見たくないか？」

「はい」

バシャールによれば、隕石が2個落下し、その作りだした300メートルの高さの津波によってアトランティスは滅んだとのことだ。

「あなたは何百メートルもの高さの津波について、以前サンノゼにいたときに考えたことがあっただろう。隕石が落ちたらサンタクルツ・マウンテンズを越えるくらいの波が来るだろうな、と思ったことがあった。あれはどうしてだと思う？」

「恐竜絶滅の際に落ちた隕石の作った津波のことを考えていたんじゃなかったでしたっけ？」

「それだけだろうか」

アトランティスのときの記憶が背景にあったのだろうか。よくわからないが。

「それでは地球の上空からのシーンをお見せしよう」

宇宙空間のような暗い場面が見える。隕石が斜めに飛んでるような印象はあるが、はっきりとは見えない。大気圏に入ってから2つに分裂したようだ。

次いで、場面が変わり、海の上。暗い空。大きな波がうねっている。

隕石衝突後に発生した津波がおさまった後も、海はしばらく大しけだったようだ。数十メートルもある波の間に、どうやらいるようだ。

「彼らはフォーカス23に囚われているのだが、ここでのフォーカス23は、通常のフォーカス23とは少し違う振動数にある。アトランティス人たちの振動数は現代人よりも高かったためだ。でも、基本的にそこに囚われているという意味では同じだ。それでは、救出に移りなさい」

どうしたものかと思うが、光り輝く大きな船をイメージすることにする。それにすべての人を乗せるのだ。

「そう、ちょうどそのような船を用意していたところだ」

やはりそうなのか。

「みなさん、船に乗ってください。この船は皆さんを引き寄せる力がありますので、そのまま乗り込んでください」

波間に浮かぶ人々を取り込んでいく。ただし、イメージは全く見えないのだが。

心の中でそう思う。

「全員乗り込んだ」と誰かの声が言う。

「それでは出発します。みなさんのために安全な場所を確保しておきました。そちらへ移動します」

エジプトという言葉が浮かぶ。エジプトには津波が来なかったのか。

ピラミッドが見えてきた。そのそばへ着く。

全員下船。

「よくやった。これでいい。後は我々に任せてくれ」

この神官について数日後にさらなる情報を得た。2011年2月4日の記録から載せる。

フォーカス42へ。宇宙ステーション・アルファ・スクエアードへ。

ヘルパーにお願いし、ポータルルームへ。

「毎回来ているところへお連れします」

それらしいところへ着く。楕円形の真っ暗なスクリーン／窓が見え、そのまわりは金色をしてる。楕円形のスクリーンと言っても奥行きがあり、その中央にあるソファーに座る。

「今日はなにをするのがいいですか」

そう聞いてみる。

「そうですね。ここでハートにエネルギーを注入しましょう。その間は、あなたはポータルルームの機能を使って、どこへでも好きなところ、好きな時代へ行っていいですよ。これと同じことを前にも行ないましたよね」

「はい、覚えています」

「ハートにエネルギーを注入する間、暇でしょうから、ご自由にしていいのです。どこへ行きますか？」

「そうですね。この前お聞きしたアトランティスの最後のときに生きていた自分のことをもう少し知りたいです」

そう言いながら、トレーナーのゆかりさんのことが思い出された。

「わかりました。彼は、ある地域を任された神官でした。ゆかりさんはそのときにいっしょにいた巫女の集団のトップでした。みーさんもいたのですが、彼女は若くて、トップではありません」

ポータルルームの機能を使って、そのときの体験を追体験するほうがいいのだろうか、と思ってると、

「あなたはこういう感じに会話的に情報を得るほうが得意ですので、このまま続けましょう。

あなたはゆかりさんと協力していろいろなワークをしていました。水晶やピラミッドを使い、意識を高めることです。水晶のまわりに座ってエネルギーを得たり、ピラミッドの中に座ってエネルギーを得るという形です。

ゆかりさんは純粋な水を使って浄化するワーク。実際にそういう水を飲むことで、エネルギー的な癒しと浄化を行ないました。それから特殊なオイルを塗るワーク。その後、古代エジプトでもやってましたね。

アロマを使うワーク。音の振動を使うワーク。そういった今やろうとしていることをみなそのときにやっていたのです。

あなたはある地域の長であり、神官でした。その地域はアトランティスの中で特別な地域

で、古来の伝統を守り、意識を高める宗教的なことを行なっていました。みな古代ギリシャ人が後でするような服装をしていました。つまり、白い衣です。もちろんギリシャよりは寒かったので、もう少し厚着でしたが。

他の地域は、動物実験をしたり、戦争をしたり、かなりネガティヴになっていました。その中であなたのいた地域、集団は、古来の方式を守っていたのです。人口は1万人から数万人です。

あなたはアトランティスが隕石の落下によって終焉に向かうことを知っていました。神官たちのネットワークでそういう情報を得ていました。そこでその準備として、みなでテノチティトラン（現メキシコシティー）を建設していたのです。ところが、隕石落下の時期について間違った情報を得ていました。実際はもっと早かったのです。ですから、その場所へ避難する前に隕石が落ちました。落下の影響の規模についても見誤ってました。もっと小さいと思っていたのです。

ですから、落下した後の津波ですべてが呑み込まれてしまいました。

あなたはその罪悪感からF23に囚われていたのです。ゆかりさんやみーさんは早い段階でF23から脱していましたが、あなたとその集団はずっと囚われていたのです。

あなたは死んだ段階で80歳ほどでした。

津波によってエジプトも水につかりましたが、しばらくすると水は引きました。津波が来る前に大きな船を用意し、そこにさまざまな生物とその遺伝情報を集めたグループもありました。彼らは高い山の頂上近くに逃げのびました。旧約聖書に出ている話です。

あなたはそれまでにも何度かアトランティスで神官をしてきています。その前にムーの時代にも同様です。

アトランティスの崩壊の後、時代はダークエイジに向かいました。どんどんネガティヴになっていったのです。ご存知のように周期があります。

あなたは、この機会にネガティヴな意識をとことん体験することにしたのです。こういう機会はめったにあるものではありません。その機会をとらえて、あなたはネガティヴな側の状態を体験することにしました。これは勇気のいることで、その勇気はＩ／Ｔｈｅｒｅメンバーのみなの称えるところです。その結果、これまでにさまざまな体験を踏んできています。結果は思惑通り、十二分にネガティヴな側を体験しました。これはＩ／Ｔｈｅｒｅにとってとても貴重な体験になりました」

ナレーションがポータルルームへ戻るように言ってる。従う。

「ハートへのエネルギーの注入は完璧です。うまく行なえました。これから、また日常で影響が出てきます」

どうも注入するほうに意識を向けないほうがいいようだ。

その後、家に帰って、胸の中央に何かが詰まったような感覚がある。

2011年2月14日の記録から。

フォーカス42のポータルルームへ。

「あなたの個人用のポータルルームへようこそ」

ドーム状の部屋のような感じのところへ来た。直径はせいぜい2メートルだ。

「これまではスクリーンが部屋に立ってるという形でしたが、今度は、ドーム状の部屋の壁全体がスクリーンになっていて、その中にいると、そのままその体験の中へ入っていくことができるようになりました。こちら側でもいろいろと改良を加えています。今回は何を体験したいですか」

「うーん、そうですね。前と同じようにハートにエネルギーを入れてもらえますか」

「はい、ここでは常にハートへエネルギーは注入されます。そうしている間、あなたは自由になんでも体験できますが、何がいいですか。そうだ。この前アトランティスの最後のときの人生についてお話ししましたよね。そのときの人生についてもう少し詳しく知りたくないですか?」

「そうですね。知りたいです」

「それでは、そうしましょう。それについてお話しします。あなたとゆかりさんは子供の時からいっしょに教育を受けてきました。あなたは神官になるため、ゆかりさんは巫女になるためです。それぞれは別の教育プログラムですが、でもいっしょに過ごす時間を持つことで、意思の疎通をすんなりとできるようにしました。それぞれ十数名の男女の子供たちが選ばれました。

この場所はアトランティスの中央部の特別な聖域にあり、小高い丘の上にありました。すべてが白いもので作られていました。ピラミッドはオリハルコンと呼ばれた白い石で造られていました。これは白い石で金の粒子が入っていたため、白く輝くのです」

白い石の表面に金色の筋がまだらに入っているイメージがうっすらと見える。

「今ではほとんど見られない石ですが、当時はアトランティスで採れました。花崗岩の一種です。貴重な石だったので、神殿では一部にのみ使われていました。

この教育プログラムでは、ピラミッドや水晶、アロマ、オイル、トーニングなどを使って意識を高める訓練をしていきます。

スターラインズのように星々へ行き、さまざまな異星人と交信するということも行なわれました。ハートのエネルギーに重点が置かれていました。

子供たちは、こういうことを行なう集団の中で生まれた子供たちの中から選ばれました。彼らは中心のすこしまわりに住んでいました。選ばれると中央部の聖地へ移り住み、そこで外界から遮断された生活をします。

厳密な計画の下に教育プログラムが行なわれますので、いわゆる欲はほとんど起こらないような環境です。無菌培養と言っていいでしょう。当時はアトランティスの最後の時代ですから、外界はかなり欲の多い世界だったんですが」

「でも性的な欲求はどうなんですか」

「男性は去勢されました」

「女性は？」

「女性は外的な刺激がなければそんなに性欲を掻き立てられることはないんです。また、そういうことが起きないように、常に忙しくして、他へ注意を向けるようにされてもいました。

彼女らは巫女になり、天の声を純粋に下ろす職務につきます。なので、常に浄化をするプロセスを経験しました。断食もそのひとつです。訓練プログラムは長年の伝統と実績があり、男女とも、いろいろな欲に惑わされないように考えられていました。

その分、ネガティヴな側を一切経験しないので、体験が半分欠けているのです。後、今の人類としての人生で、あなたはそういったサイドを体験する必要を感じて、意図してネガティヴな体験も積極的に行なってきたのです」

「これについてはこの前聞きました」

「この教育プロセスはだんだんと上へ行くにつれて、少数に絞られていきます。選別から落ちた人は地方の神官になったり、教育者になりました。

最後は許された人のみが、最終段階へ入ります。これは神、創造主と一体になる体験です。

あなたがディアナから教わったナルポイントの向こうへ行く体験です。宇宙との一体ではありません。宇宙はあくまでも創造されたものです。その源である創造主と一体になる、創造主そのものになる体験です。あなたは向こう側を体験されましたが、そこは何もない世界だったでしょう」

「そうです。なにもなかった」

「でも、エネルギーにあふれていたでしょう。創造のエネルギーに」

「はい、彼は、そういう体験までしたのに、アトランティス崩壊で死んだ後、F23に囚われてしまったのですか？」

「はい、一部が囚われました。それだけ、後悔の念が強かったのです」

「そうだったんですか」

ナレーションがポータルルームに戻るように言ってる。

従う。

2011年2月21日の記録から

フォーカス42へ。宇宙ステーション・アルファ・スクエアードの中へ。ヘルパーと少し会話しながら、ポータルルームへ移動する。

「トートの指示で今回は新しいタイプの装置を体験してもらいます」

なにやらリクライニングシートのようなものが出てきた。それに座る。

「これは背中の部分を45度まで傾けることができます。同時に膝の部分が持ち上がります」

頭の部分は球体が覆っている。直径50センチほどか。

「今回は前回同様、エネルギーを注入します。ハートだけでなく、全身へ注入します。あなたは単にリラックスしていればいいです。」

なんだか暑くなってきた。

「でも、なにか体験したいですよね。それではアトランティスの最後の時代の神官についてもう少し体験してみましょう」

もうこの人物についてはわかったからいいと思うのだが、なにか、まだ知らなければならないことがあるのだろうか。

「この神官は神官の中のトップでした。ただ、世の中の人や政治家は神官がいくら世界の終わりを預言しても、だれも耳を傾けなくなっていました。あなたは仕方なく、ピラミッドを使い、さまざまな祈りの行を行なって、ネガティヴな振動をポジティヴなものに変えようとしました。

けれども、ネガティヴな振動はあまりに強く、効果はありませんでした。

あなたたちは一部のまだ神官を信じる人たちの協力を得て、メキシコシティとマチュピチュに避難用の都市を建設しました。

ただし、前も言いましたが、もっと先に隕石が落ちると思っていたのが、避難する前に落ちてしまいました。

かろうじて船に乗り込んだあなたは、船の上で魔力を使って波を鎮めようとしました。というのは、あなたはちょっとした魔力が使えたのです。念力です。思いを物質化させたり、未来を予知したりです。

ある決まった日にある浅瀬の土地で、海の水を2つに分けるという神事も行ないました。これは、自然現象として、元々この時期に起こるのですが、それに合わせて、自分の念力を使うことで、そのタイミングにぴったりと起こるようにしたのです。そのために、前もって何ヶ月の断食のような行を行なっていました。そうすることで、意識の振動数が高まり、そういう力が出やすくなるのです。

そういうちょっとした魔力は使えたのですが、この大波はとてもおさめることはできませんでした。

そのまま死んだのですが、ずっとF23で、大波の中に船で放浪していたのです」

以上がこの神官についてわかったことだ。

私は精神的にこの神官の直接の影響を受けているとは思わない。

古代エジプトで悲惨な死に方をした2人の僧の場合は、その影響で私は子どものころにエジプト文明について恐怖心を持っていた。

それと同じことがあるなら、たとえば、大津波で文明が終わるんじゃないかという漠然とした恐怖心を持っている、なんてことがあってもおかしくない。

そうでないので、表面的なところでは影響はまったくないと思う。

ただ、おそらくもう少し深いところではかなりの影響があったんじゃないかと推測する。というのは、中丸薫さんやゲリー・ボーネル氏からこのアトランティスの神官について真っ先に指摘されていたからだ。この例を見てわかるように、囚われている過去世が表面的にはなにも影響を及ぼしていないように見えることも多いようだ。

このアトランティス人の神官を救出したのは、２０１１年1月28日のことだった。同時に1万人ほどの人も救出された。

これだけの人を救出すると地球規模でエネルギー的な影響があってもおかしくない。

英語で「最後の一本のわら」という表現がある。

ラクダの背中に荷物を積んでいく場合、最後に載せたのがたとえ一本のわらであっても、限度を超えてしまうと背骨が折れてしまうということわざから出た表現だ。

日本語的には、堪忍袋の緒が切れる。

なんでこんな話をしているかというと、この救出自体のエネルギー的な影響は小さいものだったかもしれないが、同年3月11日に起きた東日本大震災にとっての「最後の一本のわら」にならなかったかと思うからだ。

アトランティスを滅ぼしたのは大津波であり、今回の大震災も大津波だった。

第8章　多くの過去世を知る

前の章でお話ししたように、覚醒への道を進んでいく過程で、徐々に自分の過去世を知るようになる。それは知覚が広がっていき、時間と空間を超えて存在する自分にアクセスできるようになるからだ。

もちろん過去世に興味を持たなければ、この道を進んでいても自分の過去世をまったく知らないこともありうる。特定の宗教や教えに従ってこの道を歩んでいる人の場合、その宗教や教えが過去世を強調していなければ、知るようにはならないかもしれない。

だから、過去世を知ってるかどうかは、進み具合のバロメーターにはならない。

ただ、過去世を知ることはごく自然なことなので、多くの人の場合に、知るようになるのではないだろうか。

ヘミシンクを聴いて自分の過去世を知るには、フォーカス15を体験するのが最適だ。フォーカス15は時間の束縛から自由になった状態なので、過去世の自分を体験できる。

具体的なCDとしては、家庭学習用の「ゲートウェイ・エクスペリエンス」のＷａｖｅＶがフォーカス15を探索するためのものなので、これが適している。

あるいは、「Hemi-Syncによる過去世（別の人生）探究」と「パートナーズ・メディテーション」もこの目的に沿っていると思う。

モンロー研のプログラムで言えば、ゲートウェイ・ヴォエッジでフォーカス15を体験する。

さらに上のプログラムではタイムラインが過去世をメインターゲットにしたものだ。今のところ日本では開催されないので、モンロー研で英語で参加するしかないが。

スターラインズやスターラインズⅡでは、フォーカス42で自分のこれまでの歴史を教えてもらったり、ポータルルームを使えば、ある時代のある場所へピンポイントで行き、そのときのことを超リアルに体験できる。

この章では、私が知るようになった自分の過去世の中の何人かを紹介したい。前章で囚われていた過去世についてはお話ししたので、ここではそれ以外の人にする。

ネイティブ・アメリカンの酋長

私のガイドのところでお話ししたが、2人目のガイドはネイティブ・アメリカンの酋長で、私の過去世とのことだった。彼によれば、私は何度も酋長をやっていたとのことだ。スターラインズのあるセッションで、彼が生きていた時代の彼自身に会い、話を聞いてみることにした。

枯草の草原が見え、バッファローが何頭も走っていくのが見える。

酋長が話し出した。

「今の若者は馬に乗り、バッファローの群れを追い、崖から落とすようなやり方で殺す。そのため必要以上に多くのバッファローを殺すのだ。これではそのうち皆死んでしまうだろう。

それに最近では銃を買う者まで出てきた。嘆かわしいことだ。

我々はそういうものは使わない。必要なだけの数を捕っていればいいのだ。頭を使いバッファローの習性を使って猟をすればいいのだ。そういう伝統的な生き方をしていけばいい。

我々もバッファローもトウモロコシも木々もみな大地なのだ。大地が姿を変えて生まれただけだ。大地が人として生まれ、育ち、子供をもうける。そして衰え、死んで、また大地に戻るのじゃ。すべては循環する。何も怖がることも心配することもない。我々はみな大地の一部。大地そのものなのじゃ。

太陽も星も空も風も大きな自然の一部だ。そういう考え方は、自分が育っていく段階で親から教わりもしたし、実感としても持った。当たり前のこととして自然に身についたものじゃ。それには微塵の疑いもない。

我々はバッファローを狩って生きている部族だ。トウモロコシなどを作る部族と交流して必要なものを手に入れている。

我々はみな大地の一部として大地に任せて生きている。自然の規則を守って生きている限り、何の心配もいらない。我々が自然の規則から外れたことを行なうと、自然は干ばつなどで知らせてくる。そのときは、行ないを正せば、ちゃんと自然も応えてくれるのじゃ。

だから、先祖から受け継いだ規則を守って生きていけばいい。バッファローを必要以上に捕らないこと。彼らに常に感謝すること。そのための祭りを行なうこと。先祖を祭ること。季節の節目に大地やバッファロー、太陽、豊穣、雨、風、月の精霊に祈りを捧げること。感謝すること。五体投地すること。

それを今の若者たちのようにしていると、自然のバランスは崩れてくる。嘆かわしいことじゃ。ただそれは自分たちで招いたことだ」

「あなたは今どうしているのですか?」

「あなたの言うところのＩ／Ｔｈｅｒｅに戻っている。あなたがやっていることはよくわかっている。ネイティブ・アメリカンがその後どうなったかもわかっている」

「ありがとうございました」

イギリス南西端の農夫

自分にとってかなり重要度が高い過去世だと思われるものに、イギリス南西端に住んでいた農夫というのがある。時代は16世紀後半だ。

この過去世については２００１年10月に受けたエクスプロレーション27で詳しい情報をもらった。今回の人生に生まれる前にフォーカス27でカウンセラーたちと相談したのだが、そのときの会話を追体験した中に出てくる。『死後体験』より関連する部分を載せたい。


「おまえは前世ではイギリスの南西部の端に住んでいた」

（中略）

石造りの大きな家。前回の人生ではここで働いていた。この家の家長の娘と恋に落ち結婚しようとしたが、家長に許されず、家から追い出された。

「今回の人生でこの女性と結婚したいがいいか」

「いいだろう」

「家長に復讐したいが」

「それよりも精神的成長が重要で、人を愛することを覚えなさい」

（中略）

「もう少し前世について詳しく体験したい」

目を閉じる。緑色の場所にいる。暗い。木がいくつも並んで立っている。果樹園という印象だ。りんごか。17、18才の男（私）が箒で掃いているのが見える。

次に大きな建物が見える。石造りの壁。中世ヨーロッパの城壁のように見える。私はこの中で働く人というより、まわりに住んでいてりんごなんかを作っている人という印象だ。まるでチャタレー夫人の恋人みたいだ。（中略）

建物の中に入る。大きなホールになっている。天井は高さ10メートルぐらいか。ホールの広さは幅30メートル、奥行きが15メートル程度。柱が何本も見える。柱は大理石でできているのか。床には赤い絨毯が敷かれている。白い模様、その周りを黒い縁取りがある。大勢の女性が絨毯の掃除をしている。皆、水色がかった灰色の修道女風の衣装をまとい頭を

布で覆っている。

「家内の前世を見たい」

ホールの奥から彼女が現れる。父と思しき太った人の後をついてこちらのほうへ歩いてくる。父は中世ヨーロッパ風の服を着ていて、腹が前に出ている。彼女は他の女性達と似たような色の灰色／水色の服を着ていて、床までの長いスカートをはいている。そのまま左手のほうに行き、四本ほどの柱で囲まれた外への出口（または開口部）から外を見ている。

「彼女との出会いの場面を見たい」

同じホールの端の柱のわきで彼女と話している。右手の下が階段になっていて、そこに金と黒の模様の入った服装の人が２人来た。彼女を迎えに来たのだ。彼女は２人と一緒に下に降りて行き、そこに待っていた同色の乗り物に乗って去った。彼女は誰か別の人と結婚するらしい。

「その後、私はどうなったのか」

森の中のシーンが見える。ここでの生活に戻ったのか。毛皮みたいなものがかかっている。ちょっとした畑がある。どうも身分の違いと諦めて、別の女性と結婚したようだ。あんまり怨んだりしていない。それなりに普通の農家の人生を送ったという印象を得た。

オランダ人の女性

２００１年６月に参加したライフラインでオランダ人の海賊を救出した。フォーカス27へ連れて行く際に、この男性について情報が断片的に来た。名前はシュナイダー（オランダ語的にはスナイデル？）。ファーストネームも聞いたがピーターだったか。１７９７年。ふたりの女性の顔が浮かぶ。ひとりは母で、もうひとりは姉か妹。この家族と何かがうまくいかなくて海賊になる。乗っていた船の映像（４本ぐらい帆のある結構立派な黒い船）。船がしけで転覆し、沈没。自分は死んだ。

２００９年９月30日のこと、自宅でヘミシンクを聴いていると、中世ヨーロッパの街並みが見え、女性の声がオランダで綱渡りをしていたと言った。そこで、この女性とさらに会話を続けた。以下、『死後体験』から載せる。

「オランダというと、前に救出した海賊は、あなたの兄だったように感じますが、そうですか」

「そうです。兄です。私の一家は中流家庭だったんですが、父が事業に失敗し、兄は船員になり、私は母と2人で暮らすようになりました。生活をするために、私は綱渡りの仕事をしました。サーカスみたいなものです。屋根と屋根の間に綱を張って、その上を歩くのです。そんなに難しいことはありません。

しばらくしていい人と巡り合い結婚しました。その後は幸せに暮らしました。ただ兄のことが気になっていました。まったく消息不明になったからです。助けてくれて感謝しています」

「綱渡りなんて、とてもできそうにない」

「たぶんできると思いますよ。バランス感覚はいいはずだから」

「そうかな。兄の名前はピーター・シュナイダーだったけど、あなたは?」

「ユリア・シュナイダー。何年も前に明晰夢の中でヨーロッパの家の屋根の端にしがみついていたのを見ましたよね。あれはこのときの記憶の変形なんです」

実は2003年8月に参加したガイドラインズのあるセッションで、この女性の父親に会った。そのセッションの目的は、フォーカス21でガイドの導きの下、友人たちに会うというものだった。以下、体験録から。

知らない間に誰かと会話をしていて、気がつくと、次のことを教わっていた。
この人は船の船員というよりオーナーだったようだ。ただイギリスとの戦争が始まるまでだったという。何かその後、資産を失ってしまい落ちぶれてしまったようだ。
ここで、気がついた。そういえば、あのオランダの海賊の妹によれば、父親は海関連の業者だったが、破産したとのことだ。この父親なのか。

イギリスとの戦争が出てくるが、ウィキペディアで調べると、次のことが書かれていた。

英蘭戦争（えいらんせんそう、英語：**Anglo-Dutch Wars**）は、17世紀後半の3次にわたるイングランドとネーデルラント連邦共和国（オランダ共和国）の戦争であるが、18世紀の戦争も同様に呼ばれる。海戦が中心で双方とも相手方の本土に侵攻することはなく、いずれも中途半端な結果に終わった。18世紀に行なわれた第4次英蘭戦争により、オランダの国力は疲弊し、海上交易における優勢を失った。

ということで、この女性の父親が資産を失ったのは第4次英蘭戦争のためということになる。

古代エーゲ海の瞑想者

古代ギリシャの時代にエーゲ海の海岸にあるほら穴の中で瞑想をしていた人がいる。ある集団に属していて、集団の指導者がモンローだった。

今の私に大きな影響を与えている過去世のひとつである。

ゲートウェイ・ヴォエッジで「5つのメッセージ」というセッションがあった。重要なメッセージを5つ、重要度の低い順にガイドからもらう。その2番目に重要なメッセージは、洞窟内から外の海を見た映像だった。青い海と青い空が暗い洞窟内と鮮やかな対照をなしていた。

ライフラインでは、あるセッションで不思議な体験をした。ミーティング・ルームでみなで輪になって瞑想していると、部屋が変形してギリシャ風になり、さらに外が一面、水と緑で囲まれたのだ。何か、過去にこういう場所で輪になって瞑想していたことがあったように思えた。

その後、タイムラインを2004年9月にとり、その意味がわかった。『死後体験Ⅲ』からその部分を載せる。

> 赤い絨毯のようなものが敷かれた前方へ長い部屋の一番端にいる。かなり開放的な明るい場所だ。左右の壁に沿って前方へ向かって人が座っている。

部屋の向こう端には大きな開口部があり、その外は森が広がっている。乾燥したさわやかな場所だ。

ここはかなり高いところにある。

指示で足を見る。

サンダルを履いているという印象。

次の指示で服装を見る。

足くびまである白い服の印象。ギリシャ人が着ているようなものだ。以前にライフラインで見たギリシャあたりで瞑想していたときのことか。

ここまでは明るい映像。

次いで、暗い映像になる。暗い中に坊主頭が何百人も見える。岩の洞窟内。海岸沿いにある。

黒い岩肌。青黒い海水。

波が洞窟内まで流れ込んでいる。洞窟内で波がうねり、岩肌を濡らす。海水のぬるぬるした感触が伝わってくる。

私は何かの修行僧という印象だ。どこかでピンポンと聞こえる(つまり正しいということ)。

指示が、人生のいくつかの場面を順に見るように言う。

どれも薄暗い中に人の頭が何百人も見える。よくわからない。

岩がごろごろした海岸と洞窟内。暗い洞窟内から外の海を見た景色が見える。

これってゲートウェイで得たメッセージだ！

2番目に重要なメッセージとして得た映像と同じだ！

指示で、最後に死ぬ場面へ来る。

暗い海と岩のごつごつした中で葬式の儀式のようなものが執り行なわれる。詳細ははっきりしないが、遺体は海へ流されたようだ。

指示で、この霊の高次の意識と交信する。

場所は、エジプトの支配化にあるエーゲ海あたり。歴史には出ていないと言う。時代は不明だ。

一生薄暗い中で修行した。目はだますからだと言う。心の声を聞くために暗い中で瞑想する。だから薄暗い映像しか見えなかったのだ。食べ物は地元の人たちが供給してくれる。

かなり高い地位の僧だ。

指示に従い順に聞く。

「何を学んだか」

純粋な精神だ。

「今の自分とどういう関係にあるか」

モンロー研に行き始めて精神的なことをやり始めたのは、この人格の影響が大きい。

前半の明るい場所というのは、海を見晴らす高台にあるアカデミーで、そこで私は何らかの学びを得た後、卒業したようだ。

その後、海岸沿いの洞窟内で瞑想する集団に属すようになって、そこで残りの一生を過ごした。モンローがこの組織の創始者で私よりもずっと高齢だった。

この集団は、「真理を探究する集団」であり、瞑想によって宇宙の真理を見出そうとする人たちの集まりだった。さまざまな「知」についても探究していた。たとえば、現代の言葉で言えば、数学や物理学、天文学などの知識についても探究していた。

洞窟内には波が流れ込んでいて、波の音が反響している。さらに、みなで声を発し、声が反響している。この両方の音の反響の効果がヘミシンクと同様の効果とさらには「倍音声明（ばいおんしょうみょう）」と同じ効果を生み出していた。

それによって意識の振動数を高い状態へと導くことが可能だった。そういう状態で、空間そのものに秘められているさまざまな真理について直感するのである。それは真理を「知る」ということであり、悟るということである。自分で知るということを重視していた。

私は子供のときから天体や宇宙に興味があり、高校のときに宇宙の真理を知りたいと思って、物理に興味を持つようになった。さらに大学では物理を専攻した。この過去世の影響を色濃く受けていると思う。

モンロー研のプログラムに参加する人の中に、このときいっしょに瞑想していた仲間がけっこういるようだ。アクアヴィジョンのトレーナーの何人かもこのときの記憶を持っている。

この集団については、さらに詳細な情報を得ている。彼らはかなり人間味あふれる人たちだったことがわかる。

洞窟内にはいくつも部屋があり、奥のほうには高僧たちの愛人たちが住んでいた。若い僧の間ではホモセクシュアルな関係が一般的だった。

この集団の指導者であったモンローが死んだ後、誰が継ぐかで権力闘争が起こり、私が2割ほどの人たちを追い出して、跡を継いだ。そのときに私に殺された人がいたらしい。アクアヴィジョンのセミナー参加者に、そういう過去世を思い出した人がいる。当時の私はかなりダークな側面も持ち合わせていたようだ。

三輪山近隣に住んでいた縄文時代のシャーマン兼族長

この過去世を知った経緯については『ベールを脱いだ日本古代史』（ハート出版）に詳しく書いたので、ここには抜粋を載せたい。

私は2010年2月24日に森岡万貴さんという不思議な女性と出会った。芸大出の音楽家なのだが、雰囲気的には巫女といったほうがぴったりする人だ。

彼女は私に三輪山に行く必要があるとさかんに言う。ディアナに尋ねてみると、行く必要があるとのことだった。

そこで1年後の2011年2月23日に森岡万貴さんといっしょに奈良の三輪山を訪れた。するとその頂上で、そこに長らく封印されていた生命体を救出した。

この年の後半に開催したエクスプロレーション27やスターラインズで、このときに救出した生命体がシリウスから来た知的生命体であることがわかった。

何度かフォーカス34／35でこの生命体に会うことができた。いわゆる龍と呼ばれる形をした生命体だった。大型で長さは10～20メートルはあった。

この生命体は古代に三輪山では大物主(おおものぬし)という名の蛇神として祀られていた。

当時の私はこの生命体と三輪山の頂上で交流していた。

2011年11月に行なわれたスターラインズⅡで、このときの自分を追体験してみた。フォーカス42でのそのときの体験を以下に『ベールを脱いだ日本古代史』から載せる。

ナレーションに従い、シフトナウと言う（こう言うと、時空を超えて自分の指定した時間場所へ移動する)。

映像は全くよく見えないが、その中へ入っていく感じがある。

「時代はいつごろですか」

「今まだあなたは受け取れる状態にないので、後でお伝えする。

その当時の三輪山の頂上あたりは今ほど大きな木が生えていなかった。あなたはお供を20人ほど連れて、ここまで登ってきた」

頂上を人が並んで歩いていくのが見える。

黒っぽい服装で、毛皮でも着ているような、無骨で力強い印象だ。神道の神主風の白っぽい服装を期待していたが、そうではなかった。

もしゃもしゃの長髪の黒髪に、もじゃもじゃの黒ひげ。

どちらかというと原始的な印象さえある。

「時代は、紀元前562年だ」

自分が「あーあ~あ~あ~」と雄叫びを上げた。

昔アメリカ映画で「ターザン」というのがあったが、あのターザンと同じような抑揚の雄叫びだ。

みなも続けて雄叫びを上げる。かなり原始的で力強い。こっちの予想をまったく裏切った。

今の神道とは明らかに違う。これが縄文なのか。

私はその場に座り、頭を地につけて祝詞《のりと》を唱え出した。すらすら流れるように唱えている。

現代語に訳すと、

「地の神と天の神のご加護をお願いしたい」とか、「お伺いをたてたい」とか、なんかそういう感じだ。

次いで立ち上がる。まわりで人が踊り出した。自分も踊っているのかどうかはわからない。

しばらくすると、空のはるか上のほうから、龍のような白っぽい生命体が降りてきた。

それが私のすぐ上まで来た。

それと自分が合体したのだろうか。たぶんしていないと思う。というのは、自分が上へ上昇し始め、目の前をその生命体もいっしょに上っていくのが見えるからだ。

しばらく行くと、真っ暗な宇宙空間に出た。

前方にリング状の巨大宇宙船が見える。その一角へ向かって移動していく。

中へ入る。

さらに部屋に入ると、その生命体とかなり気さくに会話している。

それをこの私は宇宙船の外から見ている（知覚している）。ただ、生命体の姿はよくわからない。

わかるのは、その時の私は、上ではこの生命体と仲が良く、とても親しく時間を過ごしていること。ソファにいっしょに座って肩を組んでいるような印象だ。他にも何体か生命体がいて、みなでワイワイやっている。

竜宮城に行った浦島太郎みたいに、羽を伸ばしている。ここはまさしく竜宮城、龍の城だ。ここでの交流は、けっこうカジュアルなのに驚いた。

過去世の自分はシャーマン（神官）兼族長という存在だったようだ。三輪山の頂上に20名ほどで登り、踊ってトランス状態に入り、祝詞をあげる。そうすることで、龍型のシリウス人と交流していた。

過去世の自分が三輪山にいたのが紀元前562年ということだが、そのときの自分の姿から言えば、黒っぽい身なりで毛深いという印象だった。このときの自分は縄文人だったと考えていいと思う。また、儀式の様子は無骨で力強く、雄叫びを上げるなど原始的な印象で、今の神道とは明らかに異なる形態をとっていた。今の神道の白装束のスタイルや儀式の雰囲気というのは、渡来した弥生人のスタイルに基づくものだと言えそうである。

あの雄叫びの感じは、諏訪の御柱祭で、祭の初めに氏子が挙げる木遣《きや》りの声とよく似ていた。

ところで、『ベールを脱いだ日本古代史』に書いたのだが、この龍型シリウス生命体を三輪山に封印したのは物部連《むらじ》の祖・伊香色雄《いかがしこお》である。それは崇神天皇の御世の初めのころのことだ。

それはたぶん3世紀後半のことである。実はそのころにも私は生きていて、この龍型シリウス人と交流していたようだ。

『伊勢神宮に秘められた謎』（ハート出版）に書いたが、天香山命（あめのかぐやまのみこと）だった可能性がある。彼は新潟県の弥彦山の頂上に封印されていた。この人については同書を見ていただくことにして、本書では深入りしない。

香取で縄文人を惨殺したヤマト王権の武官

『伊勢神宮に秘められた謎』に書いた話の中に、ヤマト王権の武官だった過去世が登場する。この本を書くにあたり、千葉県の香取神宮を訪れる必要性を強く感じ、引き寄せられるように香取神宮に行った。

香取神宮は、利根川を挟んで茨城県側にある鹿島神宮と共に軍神を祀るということで有名だが、私はそういうことにはまったく興味を感じなかった。

それよりも、両神宮の奥宮にある要石（かなめいし）になぜか興味を覚えた。

伝承によれば、この地方は古来から地震が多く、人々は大ナマズが暴れているのだと怖がっていた。そこで、香取・鹿島両神宮の大神等は、地中深く石棒を差し込み、大ナマズの頭と尾を刺し通したとのことだ。これが要石の所以《ゆえん》とされる。

ただこの伝承、今ではナマズとされているが、江戸時代の初めごろまでは龍とされていたらしい。ということは、龍を押さえ込むためにその頭と尾に石棒を刺したということになる。ナマズなら地震をなくすためという説も通るが、龍が地震の原因になっているという話は聞いたことがない。つまり、龍を押さえ込むというのは別の意味があったはずと思わざるをえない。

そんな疑問を持ちながら、香取神宮の奥宮を訪れた。そのときの記録を載せる。


鳥居をくぐると、そこは別世界が広がる。高い杉に覆われた砂利の参道。ところどころ木漏れ日がある。この参道は実にすがすがしい。

要石に行くには参道をそのまま登らずに、すぐに左手へ向かう細い土の道へ入る。山の淵に沿うように作られた道だ。こちらは一歩入ると、がらっと雰囲気が変わった。

どこも苔むしていて、何か捨て去られたような感じがする。

しばらく急斜面を登っていく。ここは山の陰にあり、陰鬱な気分の道だ。非常に気が悪い。何と言ったらいいのか、薄気味悪いとでもいうのか、長居をしたくない感じだ。

さらに行くと、右手への登りの階段がある。10段ほど登ると、急に開けた空間に出た。30m四方ほどの広さだ。その広間の反対側に奥宮があった。質素な造りの小さな宮だ。

ここは、日差しはあるが、なぜか陰気な感じは否めない。すべてが苔むしていて、手入れされていない感じだ。

左手奥に杉の大木が林立する。そちらへいくと、柵で覆われた中に要石があった。直径20センチほどの漬物石のような石だ。半分だけ土から頭を出している。ここも長居はしたくない雰囲気だ。

要石を向いて背中側に小さな社がある。押手神社と書かれた札が立っていた。ここも何とも気持ちが悪い。

この周辺は杉の大木に囲まれたところだが、非常に陰気な感じがする。

元来た道をそそくさと戻る。急いでここを離れたい気分だ。

要石のある一帯で何とも気持ちの悪い感じを受けた。けがれているという感じと、早くその場から立ち去りたいという思いだ。

こういう感覚を持ったことと、香取・鹿島の祭神である経津主神（ふつぬしのかみ）と武甕槌神（たけみかづちのかみ）が東国平定のために遣わされた武神であることを考え合わせると、要石について通説とは異なる次の解釈が可能と私は考えた。

この地域には龍神（または蛇神）を祀る縄文の民がいて、なかなかヤマト王権の支配下に入らなかった。次第にこの地に入植した稲作民たちとの間でいさかいが増えるようになった。

そこで、中央から制圧軍が派遣されて、縄文の民が一掃された。族長たちは殺され、二度と生き返らないよう、頭と胴、手足を切り離されて、香取と鹿島に埋められた。さらに要石で封印された。その怨念や怒りの思いがそこにそのまま残されている。

＊＊＊

ヤマト王権に従わない先住の縄文人は、土蜘蛛（つちくも）と呼ばれて、人とは見なされていなかったふしがある。神武天皇は大和葛城山にいた土蜘蛛を捕えて殺し、怨念が復活しないように頭、胴、足をバラバラに埋めたと言われる。

『常陸風土記』には、常陸の地で縄文人と思われるまつろわぬ人々が、中央から派遣された軍によって征服されていく様子が何か所か描かれている。中には残忍なやり方で殺された話も出てくる。こういうふうに考えると、この仮説もあながち的外れでもなさそうだ。

ということで、香取神宮の要石のあたりには殺された縄文人たちが封印されている可能性があった。救出するために再度香取神宮へ行く必要性を感じた。

ただ今回は一人では自信がなかったので、森岡万貴さんといっしょに行った。要石へ着くと、私は救出のためのイメージングをした。彼女は声明（しょうみょう）を唱えた。

しばらくして広場のほうへ戻った。彼女は初老の武将らしき男性を解放したとのこと。

私は次の日の早朝、この男性とコンタクトできるようにガイドにお願いした。すると、心の中に男性の声で言葉が浮かんできた。

「我々は地主神だ。この地の者たちを深く愛し、導き、いっしょになってこの地に住んでおったのじゃ。我々は人間と深い交流関係にあった。我々の中には人として生まれるものもおった。互いに信頼し、仲良く暮らしていた。彼らは自然と共に生き、自然の恵みを得て暮らしていた。そういう彼らを我々は深く愛していた」

「あなたは龍だったのですか」

「確かに龍型生命体ではあったが、我々は人々と深く関わっていたので、ときにそのことすら忘れることがあった。ただ本体は龍だ。人前には龍として現れることもあったが、人の姿をとって現れることもあった。

我々は地元の人々と自然の中で自然と一体になって暮らしていた。

そこへ次第に稲作の民が現れるようになった。彼らは縄文の民とはまったく異なる価値観、文化をもつ人々だった。香取の大神を信奉する人々だ。香取の大神とは彼らの先祖神だ。先祖を神格化したものだ。

彼らは徐々に我々の住む土地を切り拓き、田を作るようになった。元々住んでいた縄文の民の中には稲作を学ぶ者もいたが、そうでない者たちは徐々に土地を奪われ、北へと追いやられるようになった。縄文の人々は深い森の民でもあるので、森が開墾されてしまうと、生きる糧がなくなってしまう。

縄文の民は森の恵みと海や湖の恵みをいただいて生きていた。彼らは必要なだけを取っていた。我々は龍神であり、雨を自在にコントロールできるので、彼らの必要なだけの恵みが得られるように適量の雨を降らせていた。縄文の時代を通して、人々は干ばつや洪水で飢えるということはなかった。人口もほぼ一定で急増することはなかった。自然の一部として自然とうまくバランスした生き方をしていた。

それに対し、稲作民は森を切り拓き、田を作り、稲を植え、収穫する。すべて人為的な行為で生活を維持した。何もしなければ何も得られないという価値観を持ち、実際そういう生き方をしていた。それに対し、縄文人は違った。森の中で自然の恵みを得て生きていた。自然に逆らって人為的に何かをするという形ではなかった。

もちろん同じ縄文でも三内丸山のように計画的に生きていたところもあるが、この香取の地では違った。

香取の地には香取の大神を奉じる稲作民が入ってきた。鹿島の地には鹿島の大神を奉じる民が入ってきた。彼らは異なる部族だが、稲作民であることに違いはなかった。彼らは連携して、土着の縄文人を追い出していった。

経津主神（ふつぬしのかみ）とか、武甕槌神（たけみかづち）とかいうのは後で付けられた名前だ。元々は違った。鹿島の大神と香取の大神である。

縄文人は次第に反抗するようになった。

そうして大和から軍隊が派遣されてきた。

香取に来た軍人は残虐で、つかまえた民を切り刻んで埋めた。そこが要石のあたりだ。多くの民が恨みや悲しみを持ったまま死に、そこに囚われていた。

我々は彼らがかわいそうで、その地にいつまでも居座ることになった。

鹿島では縄文人に対し、もう少し敬意を払った。そのため、そこで死んだ者たちは上へ上がることができた。

稲作民のシャーマン、巫女の中に、我々の存在に気づくものがいて、要石でもって我々をここにくぎ付けにするという儀式を行なった。

我々はそれによって若干影響されたが、ここに居続けた真の理由は、民への愛情からだ。

あなたは過去世にここへ来たことがある。香取へやってきた部隊の上級将校のような位の武官だった。民を切り刻むことを喜んでやっていたほうだ。あなたも薄々感づいていただろう。

人はみなさまざまなことを体験するものだ。ときには殺される側、ときには殺す側。そうやって学びを深めていく。どちらが良いとか悪いとか、そういうことではない。

あなたは子供のころテレビで流行ったアメリカの西部劇を、白人側の論理で見ていただろう。インディアンは悪者で、それをやっつける白人はいい者だ。

香取へやってきた征服者としてのあなたは、この価値観でやってきた。稲作民の土地を荒らす悪者を退治するためにやってきて、正義を行なっていると深く信じていた。

囚われていた民は全員上へ上がることができた。もう思い残すことはない。

あなたには感謝している。ありがとう。さらばだ」

（『伊勢神宮に秘められた謎』より一部訂正抜粋）

自分の歴史

ここでは紹介しないが、他にもいくつもの過去世を知った。

人間になる前にどういう生命体を体験してきたのかについては、２００３年10月に初めて参加したスターラインズで知る機会があった。

何回かに分けて教わった話を総合すると、こんな感じだ。

まず、私は60億年前にエネルギーの泡として生まれた。地球が誕生したのが46億年前と言われているので、それよりも前のことだ。

最初は宇宙空間に浮かぶ小さな岩を体験した。小惑星帯のように小さな岩がたくさんあり、互いにぶつかり合って砕け散る。そのときに、岩の持つエネルギーや、ぶつかり合って砕ける生命エネルギーを体験した。それがなんともエクスタシーなのだ。

次に雪を体験。雪が静かで、でも暖かい。

さらに、雲や回転するコマの形の結晶、乳白色の波打つ液体、小さな石で覆われた岩の斜面（その個々の石の意識と全体の集合体としての意識がある）。

それから、梨のような黄色い風船のような形の生き物。

次いで、白い魚のような生き物。全身に葉のようなものが生えている。また別の生命体。ふぐのように膨らんだ魚状の生物。次に花か昆虫。鳥のように空中を飛ぶ生き物。牛。ここで一度地球から別の惑星へ移った。そこは地球と似ていて青く、ところどころ白い雲で覆われている。ここで魚のような、イルカのような生命体を何回も体験した。

その後、地球に戻った。プードルのようなペット、キジのような鳥を体験。
そして人間になった。
しばらくは未開な印象の狩猟民や農耕民を体験。

ところで、こういう一連の意識の進化と言えるような流れを体験している自分と、それとは別に、かなり高次の意識を体験している自分とがいる。
たとえば、次にお話しするムー時代の自分である。何か矛盾しているように聞こえるかもしれないが、自分とはいくつにも分かれて時には並列に体験している。これについては後でI／There（アイゼア、向こうの自分）についてお話しするところで触れたい。

ムー時代

バシャールによる人類の起源のところでお話ししたが、アトランティスの前にムーと呼ばれる文明があった。その時代の人類の意識レベルは相当高かった。この時代に生きていた自分がいる。以下、『ピラミッド体験』の2010年1月25日の記録より載せる。

このセッションでは、ムー時代の自分について尋ねることにする。

Ｆ42へ。さらにポータルルームへ。

「ディアナに会いたいのですが」

「今来ますよ」

少しして、前方から女性が近寄って来た。中年の女性で普通の薄緑色がかった水色の洋服を着ている。顔が少し変化する。白人のようでも東洋人のようである。そこまでは把握できない。

「いつもいっしょにいますから、姿を現す必要はないのですが、あなたが交信に確信が持てるように現れました」

「どうもありがとう」

「尋ねたいことがあるのですよね」

「はい。アトランティスの前に、つまりムーの時代に私はどういう人生を送ったのでしょうか」

バックグランドのナレーションがこれから自分の好きな時代、場所へ行かれると言ってる。

「今、ちょうどいいタイミングですね。その時代へ行って体験してみてください」

効果音と共に、その時代へ。一瞬寝たのか、気がつくと
「……へ行かないと」と言ってる。自分は少年だ。青い上着を着てる。

我に返った。どこかへ行くところらしい。ヨーロッパの街並みのような石畳の道の両側に、石造りの家が並んでいる。そこを走っていくのか。軽やかだ。よく見ると家はもっと大きな石で作られているようだ。ヨーロッパの家とはかなり違うようだ。そこまではっきりとは見えない。白い石でできた大きな建物が見えてきた。大きな石を積んだような二段階の建物。上はフラットだ。

「ここはあなたが学んでいるところ、学校です。あなたは神官の卵であり、技術者の卵でもあります。当時は音を使った技術が進んでいて、あなたはそれを学んでいました。そういう集団に属していました。音や声を使って、物を浮遊させたり、移動したり、意識を高めたりできました。

ヘミシンクのような技術もありました。ただ、ヘッドフォンで聞かせるのではなく、壁を使って音を反射させることで右から来た音と、左から来た音を混ぜるということをやってました。ピラミッドも使っていました。

また、今、音をパラボラアンテナで反射して、飛ばし、別のところにあるパラボラアンテナで受信して、集中させるという技術がありますが、これをさらに進歩させた技術で音を集中させる技術もありました。

あなたはアヌンナキの指導者たちの導きを得ていました。この集団で社会を導いていましたが、あなたは長じるにつれ、技術を指導する何人かの者たちのひとりになりました。当時、寿命は千年ほどありました」

同じく『ピラミッド体験』の2010年1月27日の記録より。

F42でポータルルームへ。ディアナに来てもらう。左前のイスに初めから女性的な存在がいる感じがある。はっきり見えるわけではない。（中略）

「ムーの時代の自分についてさらに知りたいのですが」

「あなたはムーの時代に3回生きています。最初の生について、お話しましょうか、それとも、それを体験しますか？」

「両方でお願いします」

「あなたは神官でした。アヌンナキたちと交信して、皆を導く立場にいました。この時代は、アヌンナキから人類として生まれたばかりで、意識の振動数がまだ高かったので、物質世界で生きることに慣れることが大変なときでした。今とは逆で振動数を下げて、物質界の荒波の中へいかに適応するかが課題でした。

みなは物質界で生きることが初めてだったので、わくわくしていました。あなたは皆を物質界へなじませることを試行錯誤しながら行なっていました」

「今と逆のことをやっていたとは、驚きですね」

「ところで、ムーの時代のあなたと言ってもI／Thereの一側面という意味です。同時に何人ものあなたが別々の星で生きていることは可能です」

帰還。


以上、私が知ることになった過去世の一端をご紹介した。

ゲリー・ボーネル氏と対談したときに彼から言われたのだが、私は地球上で424回転生していて、レムリア（ムーのこと）時代が最初だとのこと。

それから男性も女性もほぼ同じ回数体験していて、バランスがとれているとのことだった。

ところが不思議なことにこれまでに思い出した女性としての過去世は、ここに紹介したオランダ人女性とロシア人の高貴な夫人のみである。

なぜ思い出さないのか、理由があるような気がする。

第9章　地球外の天体での過去世

私は過去世と言えば当然のことながら地球上で生きた生のことを指すものと思っていた。さまざまな時代や場所で生きてきたと言っても、それはあくまでも地球上のことと考えていた。

KT-95

自分が地球以外の天体で生きていたことがあったということに最初に気がついたのは、2006年3月7日のことだ。ちなみにこの日は私の52歳の誕生日だった。その週はモンロー研でスターラインズに参加していた。

あるセッションでプレアデス星団を訪れたときのことだ。

プレアデス星団へ。

知的生命体と会いたいと思う。

すると、目の前に渦が現れた。白い線と青い線からできた渦。それが回転している。ひとつではない。ふたつみっつ現れた。なぜか彼らに親しみを感じる。はるかな昔に別れた父親という印象を受けた。

「私はここから来たのか」

そう尋ねてみた。

「そうだ。ボブ（モンローのこと）がKT‐95と呼んだのはここのことだ。彼が抜けた穴を見せよう」

ひまわりの花のようなものがいくつも並んでいる。いくつか抜けたところがある。これが彼が抜けて、残していった穴か。

「ボブが抜けた後、うわさが広まって、ついていったのが何人かいる。そのひとりがあなただ」

「でも、プレアデス星団はとても若いんじゃないですか。私は60億年前に岩石を体験したと言われたが」

「時間はそれほど意味を持たないんだよ。ここから出て、あなたは60億年前の時間へ行き、そこで岩石から体験した。さまざまな物質的な生命体を体験して、人間になった。ボブはすぐに人間になった」

「ボブはずいぶん近道を取ったんですね」

「彼は気が短いたちだから。でも、こうやってあなたはやっと戻ってきた」

「ここが大きな元ですか」

「そうだ。ここから分かれていった」

（『死後体験Ⅳ　２０１２人類大転換』（ハート出版）より）


モンローの３部作にはＫＴ－95と呼ばれる天体が何度も出てくる。『究極の旅』によれば、ＫＴ－95は太陽系外にある、彼の原初の故郷である。そこが具体的にどこを指すのかについては一切書かれていない。

そこはエネルギーの渦たちが輪を描きながらスキップしていつまでも遊んでいるところだ。モンローは最初の本『ロバート・モンロー「体外への旅」』（ハート出版）では、そこは彼の故郷で、天国のような完璧な場所だと書いている。ところが3冊目『究極の旅』（日本教文社）では、ＫＴ－95を再訪問したモンローは愕然とする。実はモンローはそこでの同じことの繰り返しばかりの暮らしに飽きてしまい、団体ツアーの一員として地球を見学に来ていたのだ。ちょっとだけ人間を体験するつもりが、人間体験にはまってしまい、地球生命系で輪廻を繰り返すことになってしまった。自分がどこから来たのかをすっかり忘れてしまったのだ。

ということで、ＫＴ－95はモンローが地球に来る前にいたところで、モンローはそこを原初の故郷と呼んだ。

ところで、右記の私の体験談に、モンローの残した穴という話が出てくる。これを読んでピンと来る人はかなりのモンロー通だ。

実は、彼の2冊目『魂の体外旅行』（日本教文社）のｐ３０２に、ＫＴ－95にモンローの残したからっぽの穴のことが書かれている。

モンローにはＢＢという非物質の友人がいるのだが、ＫＴ－95からいっしょにツアーで地球を訪れた仲間だ。そのＢＢがＫＴ－95に戻ったら、モンローの抜けた穴があったと言ってるのだ。私はこのことを覚えていたので、穴を見せられたときには、何か証拠を示されたような気がした。

ＫＴ－95がプレアデス星団だということの確証を得ようと思い、その後、別の機会にモンロー研に行った際に、モンロー研の人たちに聞いてみた。ＫＴ-95がどことは、本には書いてないが、身内にはこっそり何か言っていた可能性があるからだ。

フランシーンと副所長のダーリーン・ミラー、研究部門の長であるスキップ・アットウォーターがたまたまいっしょにいたので、尋ねてみた。

「モンローは本には書いてないけど、ＫＴ-95がプレアデス星団だとか言ってませんでしたか」

「そういうことは聞いてないな。モンロー自身、ＫＴ-95がどこなのかはわかっていなかったんじゃないの。太陽系外ということ以外は」

とスキップが答えた。他の人たちも同意した。ということで残念ながら、この確証は得られなかった。ということもあり、ＫＴ-95がプレアデス星団で、モンローも私もここから地球へ来たというのは本当なのか、私はまだ半信半疑だった。

1年半後の２００７年11月になり、この真偽を確かめる機会が訪れた。

エクスプロレーション27を日本で初めて開催できることになり、満を持して待っていた多くの方が申し込まれたため、２回連続で行なった。このプログラムではフォーカス27にあるさまざまなセンターと呼ばれる施設を訪れ、その役割について学ぶ。そして、死んだ人がどういう過程を経て、生まれ変わるのかということについて体験を通して理解を深める。

各施設や部署には専門のスタッフが多数働いている。

こういう部署の一つに、地球生命系への出入りを管理する業務を行なうところがある。国における入国管理局のようなところだ。

そこの審査官を英語でＥＤ（Entry Director、エントリー・ディレクター）と呼ぶ。

あるセッションでＥＤに会い、いろいろ質問する機会があった。そのときに、この件について尋ねてみた。ＥＤはこれまでに地球へ入ったすべての生命体に関する情報にアクセスできるので、当然モンローや私についての情報も持っているはずだ。

ＥＤの答えは、この話は正しいとのこと。その後、1、2年ほどの間に何人かの高次の存在に同じ質問をしたが、答えはみな同じだった。

ということで、これはどうやら本当のことらしいということで私の中で落ち着いた。


本書を書くにあたって、かなり初期の体験記録を見直していたら、面白いものに出くわした。それは2003年8月にモンロー研でガイドラインズに参加したときの記録だ。

ガイドラインズは、前にもお話ししたが、自分のガイドとのつながりを強めるためのプログラムである。ただ、個人的には大きな成果が得られなかったので、当時『死後体験』シリーズには少しのエピソード以外は載せてなかった。

今回そういう中で目に留まったのは、フォーカス21でガイドの導きの下、友人たちに会うというセッションでの体験だった。まず、いつものガイド（モンロー？）と会話をした。当時の私はこのガイドとのみ交信ができていた。しばらく会話をした後のことだ。

すると、何かが目の前に来た。淡い光の雲みたいな不定形のものだ。

それは「昔々、KT-95からいっしょに来た友人だ」と言う。

「いっしょに来たって？　じゃ、我々はモンローと同じところから来たのか」

と尋ねた。すると、その存在は、

「どうしてあなたがモンローの本を読み出したか、そしてモンロー研に来るようになったか考えてみればわかるでしょ」

と言う。

まーそういうことかな、と納得。

このように2003年の段階ですでに、私自身もKT-95から来たということを示唆する体験はしていた。この非物質の存在は誰なのか、今さらながら興味を覚える。これ以降会ったかどうかもよくわからない。ところで、モンローの本に何度か登場するのだが、パイロットで共同研究者のアグニューというモンローの物質界での友人がいる。本には出ていないのだが、アグニューは実はＢＢだったとのことである。

モンロー研のウェブサイトに行くと、モンローがゲートウェイ・ヴォエッジ参加者に話をしているビデオが見れる。「Wednesday with Bob Monroe」というタイトルで、YouTube でも見れる。全体で1時間半の講演を9話に分割してある。その中の8話目に、その話が出てくる。

つまり、ＢＢも人間を体験していたのだ。

ところで、ここに紹介したガイドラインズでの体験のことは今まですっかり忘れていた。当時はいつものガイド以外の存在との交信には確信が持てていなかった。そのため、せっかくの情報も記憶の隅に追いやられ、そのまま忘れ去られてしまったようだ。そういうふうに忘れられた貴重な情報は他にもあるかもしれない。あるいは、そのときには意味が理解できなかったために特に注目しなかったが、実は重要な情報の断片を得ていたということもありうる。

プレアデス星団で出会った生命体から言われたことを整理すると、

●ＫＴ‐95はプレアデス星団（その中のどこか）である。

●モンローがKT－95を去って地球へ行った後、うわさが広まって、何人かがモンローの後を追いかけてKT－95から地球へ行った。私はその一人だ。
●私は地球に来てから、60億年前の時間へ行き、そこで岩石から体験した。さまざまな物質的な生命体を体験して、人間になった。モンローはすぐに人間になった。

それではKT－95に来る前はどこで何をしていたのだろうか。

他の天体での過去世

KT－95に来る前にどこで何をしていたのかについて、モンローの『究極の旅』のp174には、次のように書かれている。

そもそも原初の私がどのようにして存在するようになったかということは、彼にも私にもわからない。そういうことは、あまり考えたことがなかったのだ。

ということである。ただ、モンローはその後の探索でその起源について知ることになる。同書のp232から載せる。

…ことの次第を思い出してきたぞ…そうだ…「全体」の一部だったんだ…ひとつ、またひとつと、部分があちこちに配置されていった…「全体」からとられて配置されたんだ…どこに？　それはよく見えない…興奮…新しい冒険にのぞむ喜び…ひとつ、またひとつと、私のまわりの者たちが配置されていったんだ…そして私の番がきた…もぎとられ…不安を感じ…そして「全体」は消え失せていた…何という孤独感…ひとりぼっちの私…「全体」に戻らなくては…意識が拡散し…眠りに落ちたんだ…眠りに…眠りって、何だ？　…意識を失うことだ、拡散してしまうことだ…そうだったんだ…


つまり、何か大きな「全体」の一部だったのが、「全体」から分離されて、わくわくしながら冒険に出た。ひとりぼっちになった。それと共に眠りに落ち、夢の中へと入った。

同様にして「全体」の部分があちこちに冒険へと出て行った。

「全体」がその部分をあちこちに冒険へと出した理由については、p234に出てくる。

…夢の始まる前のことだ。あの状態はよかった。でも「全体」は、それ以上の何かを必要としていたんだ…そして「全体」は…そうだ、それが始まりだったんだ…「全体」は、部分をあちこちに撒いて、成長させ…殖やし…「全体」につけ加えるようにした…

つまり、「全体」は、その部分をあちこちに冒険に出し、さまざまな体験をさせた。それぞれの体験を「全体」につけ加えるためだ。それによって「全体」が成長するのである。

モンローの『究極の旅』のｐ２３５に出ているのだが、そのためには、「全体」へ帰還する必要がある。モンローらすべての「部分」は体験というお土産をもって、いずれ「全体」へ帰還するのである。

モンローは「全体」から分かれた後、そのまま直接KT‐95へ来たのか、それとも他のところを体験した後に来たのか、モンローの本には明確には書かれていない。私の場合は、他のいくつもの星で生命体験をしてからプレアデス星団に来たことがわかった。

そういうことを知るようになった最初の体験は２００８年3月に参加したスターラインズⅡで、プレアデス星団を訪れたときだ。以下、そのときの記録を『目覚めよ地球人』から載せる。

プレアデス星団へ。

いろいろな生命体が目の前にいそうだ。どれかわからないが交信を始める。（中略）

「あなたはここでは有名なんですよ。本にも出てくる。伝記ものにね。ヒーローなんですよ。会えて光栄です。いろいろなところへ行って体験してたくさんの体験をもって帰ってくる。行くときは単体で行くんだ。小さな存在になって。すべて忘れてね。そうしないと、先入観があっちゃ、体験に色がついちゃうだろ。今度もたくさんの体験をもって帰ってきてくれるはずだよ。モンローもそうするはずだ。行ってる間には情報はあまり来ないんだ。それからあなたの本体はここにある。そこに今までのすべての記憶が蓄えられているから、帰ってきたら、取り返すことができるんだ。そうすりゃ自分がどういうものかわかる。すごいヒーローなんだよ。こっちじゃ有名人だよ。今こちらから地球へ出迎えに行ってるものもいるよ。ここはKT－95のそばだよ。だから、あなたたちのことをよく知ってるんだ。

突然こういうことを言われて、とまどった。そのときの私は半信半疑で、記録にとることはしたが、それっきり忘れてしまった。

次にプレアデス星団以外での生命体験について知ったのは、２００９年11月のスターラインズⅡでのことだ。

当時、私はオリオン大戦という過去に銀河系内で起こった星間戦争について調べていた。

オリオン大戦については次の本のテーマの一つになる予定なのでそこで詳しくお話しする。ここでは簡単に説明する。

＊＊＊＊＊＊＊＊＊＊＊＊＊＊＊＊＊＊＊＊＊＊＊＊＊＊＊＊＊

オリオン大戦

遥かな過去に宇宙で映画「スターウォーズ」さながらの大戦争があった。詳しくは拙著『分裂する未来　ダークサイドとの抗争』（ハート出版）p110～121に書かれているので、参照していただきたい。「スターウォーズ」は、ジョージ・ルーカスがそのときの情報を何らかの手段で得て、映画化したものと思われる。

人類の起源のところでお話ししたが、アヌンナキと呼ばれる生命体たちがこの宇宙へやってきて、そして、銀河系内のこの近傍の領域へやってくると、地球から見てこと座（リラ）にある星とオリオン座のリゲルに定着し、そこに人類型の生命体を創った。その後、リゲルからオリオンの三ツ星のひとつであるミンタカにも定着した。それらにあるいくつもの惑星で人類型の生命体の文明が発展していった。

こういった生命体の中には物質界の魅力に誘われて、その中に没入していくものたちも多くいた。彼らは元々第4密度の生命体であったが、物質界に没入する間に振動数が下がり、第3密度になった生命体の文明もあった。つまり、怒りやエゴ、物欲、権力欲といったネガティヴな意識にどんどんと興味が移っていった文明が多くあった。

つまり、こと座やオリオン座に始まった文明はポジティヴなままのものとネガティヴなものとに分かれていった。

この段階で、こと座とオリオン座の星々にいたポジティヴな生命体たちの一部はそこを離れ、プレアデス星団へと移っていった。そこで彼らはさらに発展し、プレアデス人となった。彼らは主として非物質界に留まった。その理由は物質界の魔力を知っていたからだ。

ネガティヴな文明は他の文明を征服、支配する野望を持つようになっていった。そのため、惑星間での征服戦争が起こった。戦争は何十万年も続き、その間にいくつもの文明や惑星が破壊された。リゲルとミンタカのポジティヴな文明の生命体たちは戦争から逃れるため、別の移住先を探した。そこで見つかったのが地球だった。

彼らは密かに地球へ移り、そこに自然に進化していた類人猿に遺伝子操作を施し、人類を創造した。そして人類として輪廻することを選んだ。その利点は、自分たちがどこから来たか忘れてしまうことにある。そうすれば、オリオンなどのネガティヴ・グループの探索から逃れることができるからだ。地球上ではそういう状態が数十万年続いた。これがムーの文明である。

＊＊＊＊＊＊＊＊＊＊＊＊＊＊＊＊＊＊＊＊＊＊＊＊＊＊＊

オリオン大戦を体験する

話を戻す。プレアデス星団以外での生命体験について知ったスターラインズⅡでの体験についてお話ししたい。

フォーカス42で宇宙ステーション・アルファ・スクエアード内にあるポータルルームで、オリオン大戦について体験することにした。以下、『ピラミッド体験』より載せる。

スクリーンが前に現れた。人が何名か前に座っている。次第にまわりが暗くなり、画面だけが見えている。

オリオン大戦について体験することにする。

男性の声が話し出す。

「オリオン大戦のどの部分を知りたいですか。概要ですか？」

「それなら知っているので、具体的なところを体験したいです」

「そうですね。オリオン大戦はあなたも知ってのとおり、50億年とか60億年前に起こった大戦です。地球の時間からは若干時空の歪みのため同じ時間ではありません。だから地球時間で正確に50億年前というのではありません。この戦いは今でも一部続いています。オリオンのリゲルやミンタカ、こと座の星で始まりました」

話と並行してスクリーン上にはいくつのかの星が映し出され、その中のひとつの星、さらにそのまわりの惑星系が映し出されている。その中のひとつの惑星に近付いていく。

「まず、リゲルには人の住む主要な惑星が5つあるのですが、その中の一つで、第3密度、第4密度の人たちの中に、もっと欲しいという欲の心が芽生え、そこから支配や戦争が始まりました。彼らは、文明的には非常に進んでいたので、宇宙船やロボット技術を持っていました。それらを戦いの武器に使ったのです。

それではその戦闘の一つに入っていきましょう。シフトナウと言って、右手のスイッチを押してください」

画面の中に入るところまではいかない。宇宙船（戦闘機）の中にいる。コックピット内だ。上がったり、下がったりして、宇宙空間を飛んでいく。この戦闘機はかなり小回りがきく。

「これはネガティヴサイドの一人乗りの小型戦闘機です。先方に敵機がいますので、それを撃ち落としましょう。今です」

右手でなにかを押す。当たらないようだ。

「だめでしたね。もっと集中して」

もう一度、やる。今度は当たったのか、爆発したようだ。

「今度は別の戦闘機に乗りましょう」

機械で囲まれたコックピット内にいる。何かロボットが操縦しているようだ。

「これはロボットが操縦するタイプです。ネガティヴ側は相当ハイテクが進んでいます。このロボットは半分バイオでできています。ですから、生物でもあるわけです。ただ、意識はありません。まったくのロボットです」

こっちのほうは動きがもっと素早く、こまめに回転とかしながら進んでいく。

「それでは、今度は我々の側、つまりポジティヴなサイドの戦闘機をお見せしましょう」

何やらもっとローテクな感じのものが見えてきた。

「我々は敵ほどには進んでいません。機械的にはかなり劣っています。ハンドメイドで作られてるところがあります。ただ、精神的な面を使います。たとえば、先読みをして相手をたたくとかします。でも、恐怖心が出てくると、先読みができなくなり、やられてしまいます。問題は、戦闘ですので恐怖心に囚われてしまうものが多いことです。そのためネガティヴ側になったものが多くいました」

「そうですか」

「あなたも私もここで何回も生まれ変わっているんですよ」

「えっ、そうなんですか？」

「そうです」

（中略）

しばらくすると、月が見えてきた。地球の月そっくりだ。

「我々はこの月でよく戦いました。この月は地球の月そっくりでしょう」

この辺でナレーションが、終了するように指示してきた。スイッチをオフにして、ここを離れる。


ということで、私は過去世で何度もオリオン座のリゲルの近傍の惑星で転生し、戦っていたようだ。リゲルのテンペリオンと呼ばれる惑星での人生について、さらに教えてもらった。

以下は『ピラミッド体験』の２００９年11月30日の記録より載せる。


宇宙ステーション・アルファ・スクエアード（SSAS）内へ。メモリールームへ。

楕円形の暗いスクリーンが前に見える。

プレアデスに来る前のオリオンでの生について教えてもらうことにする。

声の解説が始まった。

「あなたはオリオンのさまざまな星でいろいろな人生を経験しています。王子だったり、王だったり、戦闘機のパイロットだったりしています」

（中略）

「これはリゲルの惑星テンペリオンでの人生です」

馬に乗った集団が見える。全身が金属的な鎧に包まれている。左手へ移動していく。

「これは馬に似た生物ですが、馬ではありません」

ずいぶん昔臭い姿をしている。戦闘機のパイロットとか、もっと進んだ文明の人生じゃなかったのかと思っていると、突然上昇し始めた。

「これは空を飛ぶのです。天馬のアイデアの原型です」

集団で空に舞い上がっていく。

「これはメカでありバイオの生物です。あなたと意識がつながっていて、あなたの意識で動くのです」

突然、降下を始めた。着地したのか、茂みの中にいる。

「敵を包囲しました。全員を生け捕りにしました」

敵って、どういう生物なのだろうか。

「彼らはネガティヴになったので、捉えて再教育を行なうのです。後はその役目の人たちに任せます。あなたは帰還します」

しばらくすると、自分の家なのか、木の根が網の目状に張り巡らされたところに来た。そこを登っていく。

すると、その中に空間がある。そこが住まいなのか。木の根のようなものしかなく、隙間を通して外の空間が見える。

妻に会いたいと思う。

「あなたには16人の妻がいます。ここで週は16日なので、日替わりに妻を持っています。ここはあなたの妻たちと子供たちで暮らす巣のようなところです」

なにかセックスの雰囲気がただよっている。

「ここではセックスはオープンです。まったく正常な行為です」

「親や兄弟たちは？」

「別々のところに暮らしています」

ナレーションが帰還するように言ってる。従う。

エリダヌス座イプシロンの生命体

人類型ではない生命体を体験したこともあった。以下は『ピラミッド体験』の2009年12月8日より。

F42へ着く。例の網の目状パターンがうっすらと見えてきた。宇宙ステーションへ。さらにポータルルームへ。

今回はエリダヌス座イプシロンの生命体を体験することにする。そこに自分のI／Thereメンバーがいれば、それが体験していることを体験したい。そう言う。

「いいでしょう」ということなので、しばらく待つ。

暗い宇宙空間が見えてきた。そこに黄色の筋が縦横にパターンを作っている。これがこの生物の見え方なのか。

「しばらく慣れるのに時間がかかりますよ」

その筋状のトンネルのような中を移動していく。ナレーションに従って、「シフトナウ」と言う。

すると、どこかへ来た。ここは明るくて黄色っぽいところだ。

なにか地下のレストラン、または居酒屋にいるような印象だ。いくつもテーブルがあり、なにやら生命体が多数いる。はっきりとは見えない。

一瞬クリックアウトしたのか、気がつくと、自分が何か話している。相手は女性だ。

「あなたがやさしくしてくれないなら、いいのよ」

「あーそうかい、もういい。こんなところ二度と来るもんか」

何かキャバレーの女との会話のような印象だ。いっしょにいる仲間とここを去ることにする。黄色っぽい明かりの店の中を、人ごみの中を進んでいく。どこまで行っても同じような地下の部屋という印象のところだ。

彼らの姿が少しはっきりしてきた。羽のある生物で茶色で、何か、虫のような体つきをしている。スターウォーズのエピソード2に出てきたアナキンが処刑される星（ジオノーシス）の生物、あれの印象に似ている。

「戦争中だからです。敵からの攻撃に備えるためです」

「そうなんですか。地上に出てみたいですね」

「それは戦闘になったらですね」

「敵機来襲、敵機来襲」というアナウンスが聞こえてきた。みなぞろぞろとどこかへ移動する。茶色の生物が何体もくっつくようにして束になって移動していく。そのまま飛行機のようなものに乗り込むのか。

「あなたも知ってのとおり、ここでは体に着る服がそのまま宇宙空間を飛ぶ機械になります。今はさらに大型の飛行機に乗ってまず敵のそばまで行き、そこから各自が飛び立っていきます」

みなといっしょに自分も飛び立っていく。暗い空間に出た。敵機を探して飛んでいく。

ここで帰還の指示が来た。ポータルルームへ戻る。

帰還。

エリダヌス座イプシロン星の生命体について、より詳しく教えてもらったことがあった。『ピラミッド体験』の２００９年1月28日から載せる。

「この生命体は宇宙空間を飛べるんですか？」

「この生命体は鳥のような生き物で、地球上の鳥のような進化をたどってきた。そして文明が発展し、宇宙へも出て行ったのだが、非常に特殊な合成繊維でできた飛行服を発明し、それをまとうことで、真空の宇宙空間でも空気中で飛ぶのと同じ感覚で飛ぶことができるようにした。もちろん羽を動かしても、その力で飛ぶわけではない。動力はまったく別のものを使うのだが、彼らは空中での飛行に慣れていたので、同じ感覚で宇宙空間も飛べる技術を開発したのだ」

「すごい発明ですね。戦争をしていた印象だったんですが」
「そうだ。ネガティヴ側と戦っていた。同じ惑星内や他の星にいる生命体たちと領地をめぐり戦争があった。第3密度の生命体たちどうしの戦いだ」

今の自分に影響する地球外の星での生命体験

『伊勢神宮に秘められた謎』に書いたのだが、私は子供のころから神社に対してなぜか強い反発を感じていた。そこに祀られていることになっている神など、いるわけがないと思っていたし、それをいることにして、権威ぶり、金儲けをしている神社がたまらなく頭に来た。

子供のころに親の考えをそのまま受け継いだからか。うちはまったくの無宗教だった。というよりは、宗教に対してかなり否定的で、そういうものを信じている人たちは、前時代的であり、無知で、哀れだとさえ思っていた。神社に対しては、なぜか寺以上に抵抗があった。戦前戦中に国家権力と結託し、軍の国家支配に加担したからなのか。

私は団塊の世代ではないが、権力にある種の抵抗を感じることがある。

と書くと何か左翼の人のように聞こえるかもしれない。ところが、私はこれまでに自民党以外に投票したことは数回しかない。あの民主党が大躍進したときでさえ、自民党支持だった。

少し余談になるが、自民党支持者は2つに分けられると思う。

一つはアメリカ的な自由主義、民主主義が好きで、戦後の資本主義社会を肯定的に考える人たち。もう一つは、天皇崇拝的な、戦前的な国粋主義的な価値観を持つ人たち。どちらかと言うと右翼的な思想の人たちだ。

私は前者である。後者ではない。国粋主義的な考え方に大きな抵抗を感じるのである。

話を戻そう。神社に対する反発心の背景にあるのは何なのか。過去世が関連しているのかもしれないとも思った。過去世と言えば、これまでにかなりの数の過去世を知ったが、関係しそうなのは思い出していなかった。

過去世に関係するかどうか明らかでないが、だいぶ前に奇妙な夢を見た。私はヘミシンクの体験だけでなく、夢の記録もできるだけとるようにしている。そのときは意味がわからなくても、後で重要なメッセージを得ることがあるからだ。その夢は2006年7月21日（金）の早朝に見たものである。

戦争に負けた。自分は軍人で、A級戦犯の末席のひとりだ。

前に門がある。それは神殿への神聖な入り口だ。そこを通ると、後ろで門の扉が閉まった。扉は上から降りて閉まるタイプで、扉が降りてくる際に左肩に当たった。何でこういうときに当たるのか、少し腹立たしい。

前に白い厳粛な道が続く。その数百メートル先には神殿がある。和風の造りではない。洋館だろうか。

自分は日本人の軍人のようだ。この道をすでに他の戦犯の人たちが通っていった。自分は最後だ。そこを歩いていく。

だいぶ前を5名ほどの一団が行く。

自分は軍服を着ている。高貴な感じだ。国のために行なってきた。胸を張っていこうと思う。

他の連中は泣きくずれたりしている。

自分は軍帽をかぶっているが、真ん中分けの前髪がある。それが下がってくるのをさかんに上げる。めがねをかけているようだ。目に涙が溢れてきているようだ。

まっすぐに白い高貴な道を進む。

先の建物の前で、スーツ姿の文官が左手で口に刀を上から差込み、自殺をはかる。この数名の中の最高位の人だ。死にきれず、まわりにいる5名ほどの同じような服装の文官にとどめを刺すように促す。

他の連中も血まみれだ。ナイフで首をかこうとするがうまくいかない。もうひとり右手からきた人が手伝おうとする。

私は、冷静に近寄り、「拳銃でとどめを刺していいか」、と尋ねる。自分も拳銃で死のうと思う。（刀は痛そうだ）。

右手に拳銃をとりだし、レボルバーの弾を調べる。入っていないようなので、弾を詰めようとして、目が覚めた。

それにしても、この夢はかなり変だ。日本の軍人には前髪はない。つまり坊主頭だ。それに、こういう感じで自決した文官はいないはずだ。それから旧陸軍は南部式拳銃（正式名は十四年式拳銃）を採用していたが、レボルバー（回転式拳銃）ではない。

過去世で、どこか別の国で、こんな体験をしたのだろうか。国も時代もまったく違うところで。あるいは、他の天体で。それを日本のこととして把握したのだろうか。

どうもオリオン大戦のころに体験したような気がする。そこには靖国神社に相当するような国家の神聖な神殿があり、軍人である自分は国のために働いた。が、国が敗れ、戦犯となって自決した。そのときの思いから、国家の神聖な神殿に対して怒りを覚えるのだろうか。

これに対する答えを２０１２年12月のスターラインズⅡで教えてもらった。あるセッションで、銀河系内を探索していると、私の高次レベルのガイドが話しかけてきた。以下、『あの世はある！』より。

「あなたは地球生命系内の過去世の救出はほぼ終わった。後は銀河系内の他の星での救出をする必要がある。モンロー研に関わるみなに伝えて、みなでやる必要がある。まだあちこちの星に囚われている存在がいるのだ。

たとえばオリオン座の星にいる存在だ。例の軍人だった存在。この救出を今やってみよう。地球のF23や25に相当するところに囚われている。F27に相当するところへ連れて行く必要がある。

あの存在の尊敬していた将軍のフリをして行ってみるといい」

すると将軍のような身なりの年配の男性が自分の前に現れた。自分に話しかけてきた。

なに？　自分が救出される立場なのか？

「あなたは、本当は宇宙の真理を知りたかったんじゃなかったのか。そのために軍人になったんだろう。それを学べるところへ行こう。宇宙の真理を学ぶところへ行くのだ」

と将軍が言った。

「そうだった。俺は宇宙の真理が知りたかったんだ。だから、神聖な帝国である国家の軍人になろうと思った。そこで神聖な真理を学ぶことができると思ったのだ。それがいつの間にか、神聖国家の軍人になることにすり替わってしまった。そして国家のために戦った。

そうだ。思い出したぞ。俺は本当は宇宙の真理が知りたかったんだ。思い出したぞ」

前へ進んでいく。

「これはオリオン座のある星でのことだ。同様な形で囚われている存在が大勢いる。これからはこのタイプの宇宙的な救出が始まる」

「でもどうやるんですか。これはＦ42ですよね。多くの人はそういうＣＤを持っていません」

「イマジネーションを使うといい。Ｆ34／35ならスターラインズの卒業生が持っている。Ｆ42ならスターラインズⅡの卒業生が持っている。それらを持っている人は１００人ぐらいいる。だから彼らに呼びかければいい」

不思議なことに、この救出以降、神社に対してまったく反発を感じなくなった。

無条件に持ってしまう感情は過去世や場合によってはこのケースのように地球にやってくる前に別の天体で体験した事柄が原因ということもある。

遥かな過去の出来事のように思われるかもしれないが、時間というものはあるようでいて、ないものなのだ。

他の多くの星での生命体験

私は他にも多くの星で生命体験をしてきている。２０１３年11月のスターラインズでは、それらについて教えてもらった。

「あなたの一部は太陽から6.7光年離れたところにある星の惑星で転生していました。太陽よりも緑がかった星です。ほぼ同じ大きさの星で、地球と同じような惑星があります。ここで人とほぼ同じ生命が生きています。肌の色は光のかげんで少し緑がかって見えます。あなたはここで何度も生きていました。１００回ぐらい。国家神道のようなものを信奉する軍人だったこともあります」

「あの囚われていた人ですか?」

「そうです。この前救出できましたが。ここにはF23から27のようなものがあり、あなたの側面はF23に囚われていました。

それからオリオン座の方向８００光年ほどにある星でも何度も生きています。ここは非常に暗い星です。太陽と同じほどの星です。ここではオリオン大戦のときに、宇宙船の戦闘機の優秀なパイロットでした。何度も転生しています。ネガティヴ側の星で、ネガティヴ側の星と戦争をしていました。

ここはプレアデスに来るずっと前のことです」

「地球に来る前に、家内との過去世はどこかでないのですか?」

「この星でいっしょに転生していました。その後、デネブへ一緒に行きました。その後、彼女はプレアデスへは行きませんでしたが、地球でまたいっしょになっています」


別のセッションでの体験。


「オリオン座の星の中で自分が過去にいた星を訪れてみたいです。先ほど話に出てきた800光年先にある星です」

「そうですね。あの星の文明はすでに滅んでしまいました。あなたが過去に体験していた時期に戻りたいですか?」

「はい」

「それでは時間を超えて過去に戻ります。ちょっと特別なことを行なう必要があります。時間を超えていきます」

すぐに、

「はい着きました。この星であなたは宇宙船の艦長をやっていたときもあります」

「あの夢で見たときですね」

「はい。あのときは敵に攻撃されていました。どちらもネガティヴだったのです」

草原が見えてくる。

「あなたはさまざまな人生を生きました。農夫だった時もありましたが、上の地位になりたいという垂直志向が強く、結果的に艦長になったのです」

「この星はこれぐらいでいいです」

次に何をしようかと思う。

「デネブでの人生はどうだったんですか?」

「ここでもだいたい同じような人生をやってました」


ここで、この体験談に出てきた前に見た夢についてお話ししたい。


夢の中、私は宇宙船の艦長だった。この宇宙船は居住区もあるような大型なもので、5階建てとかになっている。

私はその下のほうの階で何かをしていたときに、「敵襲」の緊急警報が全艦に流れた。我々はみな安心しきっていたときだったので、驚きあわてた。私は大急ぎに最上部へ上がっていった。

着いたときには敵が2機、艦内に上部から侵入してきていた。敵は機動戦士ガンダムみたいな人が乗るロボットだった。強力な武器を持っている。

私はハシゴのような急な階段を登りながら、武器を何も持っていないことに気がつき、どう対応したものかと考えあぐねていた。ここで目が覚めた。

この夢は遠い過去で、ある星で宇宙船の艦長をやっていたときの体験を追体験したもののようだ。

白鳥座デネブでの生

白鳥座のデネブでの生について、2014年9月のスターラインズのあるセッションでさらに教わった。

白鳥座のデネブへ行くことにする。

「デネブに行きたいんですけど、いいですか？」

「はい」

ヴォイジャー8号内から小型宇宙船（POD）に乗る。

後ろ向きに進んでいく。オリオンとは反対方向にあるので、そうなる。

しばらく行くと、着いたらしい。特に何も見えないが。

「デネブの周りには5つほど生命の住む惑星があります。その一つの第3惑星に人類型がいます。今は第3密度から第4密度へ移行する過程にあります。超ハイテクな文明です」

惑星がいくつも丸く見える。

「あ、以前、過去世で生きていた時代に行きたいですか？」

「はい」

「過去世といっても、プレアデスに来る前のことです。百万年ほど前のことです。当時はオリオン大戦の真っただ中で、この惑星はネガティヴな人類が住んでいました。今の地球よりもハイテクです。

前にお話ししたように、あなたはここで農民から出世して宇宙船の艦長にまでなったことがあります。何百回と輪廻しています。奥さんもお姫さまなどをやってます。艦長のときに結婚しています」（註：情報に混乱が見られる）

「そのときの自分で救出すべき側面はいますか？」

「大きな部分としては、もうないです。小さな部分としてはあります。それが先ほどのような突然息が詰まるという形で表れてきて、解放されているのです」

水田を一輪車のようなもので耕している様子が見えてきた、

「当時は宇宙船を飛ばすほどのハイテクがあった反面、農業などは遅れていました。中国のように軍事費にお金をかけていたのですが、それ以外にはお金が回らなかったのです。デネブのまわりには他に4つの生命体の住む惑星があり、それらとの間で戦争が起こっていました。

他にも太陽そっくりの星と地球そっくりの惑星もあります。そこには人類が住んでいますが、文明は少し違う形で発展して来ています。

このあたりには人の住む惑星はそれこそごまんとあります。暗い星の周りにあります。太陽だって遠くに行けば暗い星です。

それでは、ヴェガに行きましょうか?

そこにはカマキリ型の知的生命体が住んでいます。カマキリ型は宇宙では一般的な形です」

「行ったら食われたりしないですか?」

「そうですね。変なことをすると食われるかもしれないですよ（笑い）。他には人類型、龍型、イルカ型などが典型的です。昆虫も一般的です。昆虫はより厳しい環境でも生きていけます」

第10章　すべての自分たちの集団

人はみなこれまでに数々の生を生きてきている。人間だけでなく他の生命体も含めれば、それぞれの人にとって、その総数は数千から数万になるだろう。

各人にとってのさまざまな生命体験の総体を、モンローはその人のＩ／Ｔｈｅｒｅ（アイゼア、向こうの自分）と呼んだ。『究極の旅』によれば（11章・12章）、「各個人が持っている、前世、現世を含めたすべての人格の自分のこと」である。

自分が存在し始めてからこの方、体験したすべての生命の総体、集団のことである。地球だけでなく、他の天体での生命体験も含まれる。

トータルセルフとかオーバーソウルという言葉も似たような概念だと思われる。

I／ThereをITと略すときもある。

ところで、前にお話しした「Wednesday with Bob Monroe」という、YouTubeでも見れるビデオの中で、モンローはITを英単語のit（それ）とまったく同じふうに発音している。

余談になるが、その発音をイットと書くのに抵抗を感じる。あえて書くなら、「イッ」だろうか。ディズニー映画の『アナと雪の女王』が大ヒットして、主題歌の「Let It Go」も注目された。これを「レット・イット・ゴー」と書くのが一般的だが、実際耳で聞いた人たちが歌う場合は、「レリゴー」と発音する。そうなるのは、Let Itがつながって、レッティッと発音され、さらにアメリカ英語ではティがディや日本語のリに近い音になるからだ。

英単語をカタカナで書く場合に、常に語尾に「オ」をつけてしまうが、それでは実際の発音とはぜんぜん違うものになってしまう。そろそろカタカナ表記をもっと工夫したほうがいいのではないか。たとえば、itはイッ、マクドナルドはマクダーノル、Goodはグーと書くとか。

実際、Good Morningをグッモーニンと発音する日本人は多い。

こういう書き方に慣れていたほうが、聞きとれるし、話すときに通じやすいはずだ。

まったく関係ない話になってしまった。話を戻そう。

I／Thereには過去世だけでなく、現世の自分も含まれる。モンローによれば、今同じ時代を生きているI／Thereのメンバーがこの自分以外にも複数いるとのことだ。

モンローの場合は、ロシア人の女性だそうだ。彼女はヘミシンクと同じようなものをソ連で開発していた。モンローが何らかの理由でヘミシンクの開発をあきらめてしまった場合のバックアップだったとのことだ。

私の場合、地球上にいる今生きているI／Thereメンバーについては定かではない。他の星には何名かいることがわかっている。

たとえば、ケンタウルス座アルファの惑星の住人である。

ガイドによれば、スターラインズでいろいろな星を訪れた際に私を出迎えたのは、自分のI／Thereメンバーだった場合が多いそうだ。つまり、現世の自分たちである。

I／Thereの目的

前にお話ししたが、モンローは何か大きな「全体」から分かれて、体験するための冒険に出された。同様に「全体」は、その部分をあちこちに冒険に出し、さまざまな体験をさせている。それは、それぞれの体験を「全体」につけ加えることによって「全体」が成長するためだ。

Ｉ／Ｔｈｅｒｅの目的は、できるだけ多くの、そしてバラエティに富んだ経験を集めることだ。さらに言えば、そういった貴重な体験を「全体」へ帰還することで持ち帰ることである。と言うことは、Ｉ／Ｔｈｅｒｅは集めるだけの体験を集めると、いずれは「全体」へ帰還することになる。

単純な輪廻ではない

モンローの『究極の旅』のｐ１８０に興味深いことが書かれている。

＊＊＊＊＊＊＊＊＊＊＊＊＊＊＊＊＊＊＊＊＊＊＊＊＊

〈だろうね。君は存在しなかったんだから。私たちは、もう一度人間になる決心をしたのさ。時と場所を選び、ＤＮＡを合成した——肉体の要素と、私たちの要素を混ぜあわせてね。私たちの中から最適と思われる部分を選んでひとつにまとめ、送り込んだんだ。それが、君が——私たちができたというわけさ！〉

その送り込んだものっていうのは、いったい何なんだい。

〈人格、そして記憶さ。それしかないだろう〉

＊＊＊＊＊＊＊＊＊＊＊＊＊＊＊＊＊＊＊＊＊＊＊＊＊

つまり、モンローはＩ／Ｔｈｅｒｅの中から最適と思われる要素を集めて新たに作り出されたということだ。彼のＩ／Ｔｈｅｒｅにはたくさんのメンバーがいるので、その中から必要な要素を集めて、今回のモンローの人格が作り出されたのだ。

これと同じことが何度も行なわれているはずだ。つまり、Ｉ／Ｔｈｅｒｅのいくつかの要素を集めて一つの人格Ａが生まれる。しばらくして、それとは別に他の要素を集めて人格Ｂが生まれる。という具合にＣ、Ｄ……と何人もの人格が生まれる。

Ａ、Ｂ、Ｃ……はそれぞれに輪廻する。

中には輪廻を終えて、Ｉ／Ｔｈｅｒｅに戻るものもいる。そうでなく輪廻の途中のものは、同時に存在していることになる。中にはフォーカス23に囚われてしまうものもいる。

たとえば、私の場合で言えば、前にお話ししたように、南洋の青年や古代エジプトの神官など何人もの過去世の自分が囚われていた。

これは、以上のようにＡ、Ｂ、Ｃ……というふうにいくつにも分かれて、あるいは途中で新たに生み出されて、輪廻していると考えないと説明できない。

だから、輪廻は、一つの人格がいくつもの生を順に体験するという単純な形ではない。

そういう観点から自分の歴史はどうだったのか、これまでにわかったことを基にして構築してみたい。

自分の歴史

私は大きなものから分かれて存在するようになった。

その後、銀河系内の太陽近傍（１５００光年くらいの範囲か）のいくつもの星で生命体験をした。オリオン座のリゲルや白鳥座デネブ、その他の星である。人類型の生命体験も多かった。

そのまま、こういったいくつかの星で生命体験を続けている自分も多数いる。中のひとつはある段階でプレアデス星団に来て、しばらくそこでエネルギーの渦としての生命を体験した。

このエネルギーの渦は、その後、モンローの後を追って地球に来た。60億年前の時代に行き、原始的な生命から初めてさまざまな生命体を体験し、一時期、別の星でイルカのような水生の生命体を体験した後、地球に戻り、いくつもの生命体を経験した後、人間になった。その後、いくつかに分かれて輪廻した。そのうちのいくつかは輪廻を終了し、Ｉ／Ｔｈｅｒｅへ戻った。

たとえば、ネイティブ・アメリカンの酋長である。

この自分とは別に、ムーの時代を生きた自分もいる。

このムー時代の自分と同じか、あるいは別系統かはわからないが、アトランティスの最後の時代に神官になり、フォーカス23的な領域に囚われていた自分もいる。

エクスコム

『究極の旅』のp156～175によると、モンローは内面奥深くに分け入っていくと、いくつもの層を通過した。それらは順に、「記憶の層」、「恐怖の層」、「感情の層」だった。

さらに行くと「障壁」があったが、その一部が破れていた。「障壁」は『究極の旅』によると、「地球の生命系への耽溺《たんでき》、また、そこで生まれるありとあらゆる信念体系」で、ある信念が崩れると、その部分に穴が開く。信念が崩れるに従い、穴が大きくなっていくということだ。

障壁の破れたところを通って中へ入ると、そこには、色とりどりの光線のようなものが何百となくうねっていた。それぞれが異なる人生経験をそなえた自分だった。つまり、I／Thereだ。その中に、メンバーを代表するような存在が10名ほどいることに気がついた。彼らをエクスコム（エグゼクティブ・コミッティ、代表委員会）と呼んだ。

モンローは気がつかなかったが、エクスコムはモンローをずっと導いてきていた。

ここでガイドたちとエクスコムの関係について少しお話ししたい。ガイドにはエクスコムの

メンバーでないものもいる。たとえば、私のガイドの一人であるモンローは私のＩ／Ｔｈｅｒｅメンバーではないから、エクスコムのメンバーではない。ディアナもそうだ。彼女はもっと高いレベルの存在である。古代日本史に詳しい存在も同じである。

私のガイドの中でエクスコムのメンバーでもあるのは、過去世の自分であるネイティブ・アメリカンの酋長とエーゲ海の修行者、それに未来世の自分であるサディーナだ。

私が初めて自分のＩ／Ｔｈｅｒｅの中心部、モンローがエクスコムと呼んだところへ行きついたのは、２００２年10月にモンロー研でハートラインを受けた時だ。第２章に書いたが、あるセッションでハートの詰まりを象徴する縦長のマリモのようなものを見せられた。そのときは、まず「恐怖の層」を通り、さらに「記憶の層」を通ると、縦長のマリモがある部屋に来た。

実はセッションはその後も続きがある。以下、『死後体験』から一部修正。

次に、部屋の中に来た。白い壁から指のような突起物がいくつも出ている。丸い部屋になった。ここはどこだろうか。

くすくす笑いが聞こえる。

「まだ気が付かないの」

と言ってるような感じだ。

そうか、エクスコムのいる場所だ。壁の前に人が一人現れた。アルミ箔みたいな銀色のもので全身が包まれている。頭と顔は三角形のアルミ箔状のもので覆われている。隣にもう一人現れ、さらに順に何人も現れた。

皆同じ姿をしている。私を取り囲むように丸く壁に沿って並んでいる。エクスコムのメンバーたちだ。

ずいぶんいる。数十人か。するとみながよってきて私のことを胴上げした。

I／Thereに初めてつながれて、すごくうれしかったことを覚えている。ただ、すぐまたつながりが切れるのではないかと心配だった。

というのは、ハートラインの別のセッションで、自分とI／Thereとのつながりが切れた理由についてあるセッションで教えてもらっていたからだ。以下、『死後体験』から一部訂正。

「トータルセルフとのつながりが切れた場所、時へガイドに連れていってもらいなさい」

とガイダンスが言う。

ゆっくりと下のほうへ移動する。母親の胸が見える。胸に抱かれている。自分の姿は見えないが2、3ヶ月の赤ん坊か。

「トータルセルフとのつながりが切れたわけをガイドに説明してもらいなさい」

ガイドが話し出した。

「身の回りで起こっていることすべてに好奇心がそそられたからだ。肉体を持つことによるあらゆる刺激に、五感からの刺激に興味をかき立てられた。触感、痛み、光、動くもの、寒さ暑さ、ありとあらゆるものがものめずらしかった。そういうものに没頭するうちにトータルセルフとのつながりが切れた」

次にガイダンスの指示がある。

「その後もトータルセルフから隔離されているという幻想に縛られるようになるあなたの行動パターンをガイドに見せてもらいなさい」

ガイドの声。

「物質界に存在するということ自体がつながりを忘れさせてしまう。外界から常に入ってくる刺激がそうさせる。さらにあなたは常に外に興味が向かっていて、内面には向かわなかったから、トータルセルフと完全に隔離されてしまった」

ということなので、せっかくつながっても、日常生活に戻ると元の状態に戻ってしまうのではないかと心配だった。

こういう心配に対してガイドが答えてくれた。『死後体験』から一部修正。

「ところで、これからまた日常生活に戻ると、世間のいろいろなことに集中するようになる。こちらとのコンタクトを保ったまま、集中すること。これは練習が要る」

そういえば、赤ん坊のとき、まわりへの好奇心からトータルセルフとのつながりが切れてしまったんだ。

「完全に切れたわけではない。細いながらもつながってはいた。今回パイプはけっこう太くなった。今のところ、あなたの意識としては、こちらと離れて存在し、こちらから情報をパイプを通してダウンロードするような形を取っている。

さらにつながりが強くなると、ヒトデのような形になる。つまりヒトデの出っ張った部分があなたで、中央部がここだ。

ここの意識の一体感がさらに強くなり、こちらの考えが自分の考えと同化するようになる。そうなれば真に我々は一つという状態になれる」

ということは、その段階まで行けばガイドと同じような状態になるのだろうか。

「そうだ。あなたもいずれガイドになる。こう言われれば、今自分のやっていることがどこへ導いていくのかはっきりしただろう」

何だかすごく安心した。でもガイドになって誰をガイドするのだろうか。

「我々にはここととの意識のつながりが弱い仲間が大勢いる。彼らをここまで連れて来る必要があるのだ」


これは2002年のことだ。あれから13年ほど経った。今ではガイドたちが何人もいて必要に応じてメッセージを伝えてくれる。何か知りたいことがあれば、少し瞑想して深い意識に入り、特定のガイドを思い出し、その人に質問を投げかける。すると、答えがすぐに返ってくる場合と、何日かして物質界で何らかの形で返ってくる場合とある。

いずれにせよ、必要な情報は必要なときにもらえるという安心感がある。

スタジアム

I／Thereの中心部であるエクスコムではなく、I／Thereそのものに初めて行ったのは２００２年４月に２回目のエクスプロレーション27を受けたときだ。

フォーカス34／35で、そこに集まっている地球外生命体にいろいろ質問するというセッションだった。

ガイダンスに従って質問をしていて、ふと気がつくと、大きな楕円形のスタジアムみたいなところの真ん中に仰向けに寝ているのだ。そのときはこれは宇宙船だと思った。

スタンドには数千、数万の存在たちがいてこちらを見ている。存在たちは白っぽくてひょろ長い。

「ここに集まったうちのどのくらいが地球生命系の卒業生か？」と聞くと、半数ほどが手を挙げた。実際手かどうかは分からないが体の一部を動かした。

どこの宇宙船か知らないが、半数ほどが地球生命系の卒業生とは少し多いんじゃない？　とそのときは思った。

今から振り返るに、そこは宇宙船ではなく、Ｉ／Ｔｈｅｒｅだったんだと思う。

というのは、後で何度もＩ／Ｔｈｅｒｅに行くようになるが、私の場合、スタジアムという形に見えることが多いからだ。楕円形または円形のすり鉢状やパラボラアンテナ状の構造物で、真ん中に緑の芝生が生えたフラットな部分があり、そのまわりを観客席が取り巻いていて、そこに多数の存在たちがいる。こういう形だ。

あるいは、円形または半円形の劇場とか階段状会議室で、ステージの部分がある。実はスタジアムが自分のI／Thereだと気づくまでに、いろいろなプログラムでかなりの回数スタジアムを見ていた。

初めてそれがI／Thereだと気がついたのは、2004年9月に受けたタイムラインだ。このプログラムでは、フォーカス15で時空を超えて過去や未来を探究する。

あるセッションでの体験を『死後体験Ⅲ』から載せる（一部修正）。

フォーカス15へ行く。この状態からさまざまな過去世にアクセスできる。

スタジアムが視界に入った。5万人ぐらい収容できるような大きなものだ。観客席全体に人がいる。白っぽいひょろ長いものが多数立っているのだ。

だいぶ前のセッションからいつもここに来るとスタジアムを見ていることを思い出した。これって、もしかしたらI／There（向こうの自分）なのではないのか。自分のすべての過去世が集まったところだ。こんなにたくさんの自分がいるのか。スタジアムの大きさから言って5万人ぐらいいるだろう。（中略）

観客席にいる一人一人にもっと近寄ってみることにする。ゆっくりと近寄る。

それほどはっきり見えないが、どうもそこら辺にいる集団はみな牛のように見える。I／

Ｔｈｅｒｅには、人間としての過去世だけが含まれるのではないらしい。

フォーカス15は時空を超えた状態なので、時空を超えて存在するすべての自分の集合であるＩ／Ｔｈｅｒｅがあって当然なのだ。このタイムラインではスタジアムと同じ形の部屋に来たこともある。観客席に相当する部分の壁一面にＣＤのようなものが並んでいる。過去世の情報が蓄えられているデータベースをＣＤというふうに知覚したようだ。

この部屋の壁の一か所に向こうへ伸びる丸いトンネルがあった。入ってみると円筒の壁は一面、同じような情報データで埋め尽くされていた。これは今回の人生の初めから終わりまでを表していた。データは途中までつまっていたが、そこから先は空っぽで、枠組みだけがしっかりしていた。

スタジアムで言えば、おそらく観客席にいるそれぞれの存在に対して、このトンネルのようなものがあり、データが蓄えられているのだろう。

もちろんこれは一つの象徴であって、どう知覚するかは人によって違うと思う。

私はこれまでにフォーカス15と34／35でＩ／Ｔｈｅｒｅにアクセスした。

前に紹介したモンローの「Wednesday with Bob Monroe」を見ていると、モンローはフォーカス21でエクスコムにアクセスしていたようである。

そのレベルからI／Ｔｈｅｒｅ全体にアクセスできるのか、エクスコムだけなのかははっきりしない。フォーカス21だと、地球生命系の生命体験のみに限定されて、地球以外の天体は入らないような気はする。ただ、この辺はよくわかっていない。

「真実の自己」とI／Ｔｈｅｒｅの関係

「真実の自己」は自分の内面奥深くにある。そのまわりは障壁で覆われていて、なかなかアクセスできない。I／Ｔｈｅｒｅも自分の内面奥深くにある。モンローによれば「障壁」に囲まれていて、その破れたところからアクセスできた。

こう書くと、両者は同じもののように聞こえる。が、私は違うと思う。

I／Ｔｈｅｒｅは人や生命体の集まりである。そこには多数の人格があり、個別化している。それに対して、「真実の自己」は純粋なエネルギーそのもので、人格は持たないような印象がある。あくまでも個人的な印象だが、「真実の自己」はI／Ｔｈｅｒｅの中心にあって、すべての体験を始める前から存在していて、言ってみれば、「全体」から分かれたままの状態。

そこにいろいろな体験がくっつき、それがI／Ｔｈｅｒｅを形成している。

I／Ｔｈｅｒｅにアクセスするよりも、「真実の自己」にアクセスするのは、さらに難しいと思う。実はこの辺のことはまだ探索中で、わからないことも多い。

本書はここで終えるが、覚醒への旅路はさらに続く。

2冊目と3冊目では、以下の内容をお話しする予定だ（ただし、書き出すと変わる可能性大）。

●銀河系を超えてさらに広範囲に存在する自分たち
●ダークサイドの存在ラッシェルモア
●オリオン大戦
●ネガティヴVSポジティヴ
●アセンションとは

●高次のエネルギーを浴びることでのプロセスの加速
●ピラミッド内でのヘミシンク体験
●子ども時代の自分の救出
●サディーナの教える方法
●女性性を思い出す

まとめ

本書では以下のテーマについてお話しした。

- ●覚醒とは何か
- ●覚醒するには何が必要か
- ●深い意識に入るためのへミシンクについて
- ●ガイドにつながる
- ●死の怖れから自由になる
- ●幼少期の傷を癒す
- ●囚われている過去世を救出する
- ●多くの過去世を知る
- ●地球外の天体での過去世
- ●すべての自分たちの集団

著者紹介／**坂本政道**　さかもとまさみち
モンロー研究所公認レジデンシャル・ファシリテーター
（株）アクアヴィジョン・アカデミー代表取締役
1954年生まれ。東京大学理学部物理学科卒、カナダトロント大学電子工学科修士課程修了。
1977年〜87年、ソニー（株）にて半導体素子の開発に従事。
1987年〜2000年、米国カリフォルニア州にある光通信用半導体素子メーカーＳＤＬ社にて半導体レーザーの開発に従事。2000年、変性意識状態の研究に専心するために退社。2005年２月（株）アクアヴィジョン・アカデミーを設立。
著書に「体外離脱体験」（たま出版）、「死後体験シリーズⅠ〜Ⅳ」「絵で見る死後体験」「2012年目覚めよ地球人」「分裂する未来」「アセンションの鍵」「坂本政道ピラミッド体験」「スーパーラブ」「あなたもバシャールと交信できる」「坂本政道　ブルース・モーエンに聞く」「東日本大震災とアセンション」「激動の時代を生きる英知」「ベールを脱いだ日本古代史」「古代史２　伊勢神宮に秘められた謎」「古代史３　出雲王朝の隠された秘密」「あの世はある！」「明るい死後世界」（以上ハート出版）、「超意識 あなたの願いを叶える力」（ダイヤモンド社）、「人は、はるか銀河を越えて」（講談社インターナショナル）、「体外離脱と死後体験の謎」（学研）、「楽園実現か天変地異か」「屋久島でヘミシンク」「地球のハートチャクラにつながる」（アメーバブックス新社）、「マンガ死後世界ガイド」「５次元世界の衝撃」「死ぬことが怖くなくなるたったひとつの方法」（徳間書店）、「バシャール×坂本政道」（VOICE）、「宇宙のニューバイブレーション」「地球の『超』歩き方」（ヒカルランド）などがある。
最新情報については、
著者のブログ「MAS日記」（http://www.aqu-aca.com/masblog/）と
アクアヴィジョン・アカデミーのＨＰ（http://www.aqu-aca.com）に常時アップ

覚醒への旅路　人はどこから来て どこへ向かうのか

平成27年５月19日　第１刷発行

著者　坂本政道
発行者　日高裕明
発行　ハート出版

〒171-0014　東京都豊島区池袋3-9-23
TEL 03-3590-6077　FAX 03-3590-6078
ハート出版ホームページ　http://www.810.co.jp

ISBN978-4-89295-999-8　編集担当／藤川　印刷／大日本印刷

坂本政道の本

あの世はある

人は死んだらどうなるのか？　誰もが抱く疑問を明確に解き明かす。死は終わりではない。だから死を悲しみ嘆き、怖れることはないのだ。
本体 1500 円

明るい死後世界

恐怖を強調する「あの世」観を一掃する。ヘミシンクを使い実際に垣間見た死後世界は、光あふれる世界だった。
本体 1500 円

ベールを脱いだ日本古代史①〜③

①は三輪山の龍神から邪馬台国まで　②は伊勢神宮を中心にした世界
③は出雲大社など　日本古代史の謎と秘密を独自の視点で解く。
本体各 1800 円

死後体験①〜④

ヘミシンクの実体験をもとに、「死後世界」を垣間見る。新しい感動が次々と現れる。「知りたいこと」が手に取るようにわかる４冊。
本体各 1500 円

ピラミッド体験

バシャールが教えたピラミッド実験で古代の叡智が明かされる。
本体 1800 円

分裂する未来

バシャールとの交信で明らかになった「事実」。ポジティブとネガティブ、未来を選ぶのはあなたなのだ。
本体 1500 円

坂本政道　推薦／監修の本

西宏 著

軽トラでやってきた神さま

ヘミシンク界の新星か？　公認トレーナーでもある著者が、エクササイズ中に発見したガイドとの出会いを紹介。ガイドの素顔は意外だったが、人生に役立つうんちくが豊富。あなたにとって必要なメッセージも。本体 1600 円

芝根秀和 著

あきらめない！　ヘミシンク

公認トレーナーの挫折と成長、そして気付きとコツ。体験の中で得たヘミシンクの極意を公開。挫折は当たり前でも、大切なイマジネーションを信じれば奇跡は起こるのだ。本体 1800 円

芝根秀和 著

自己流アセンション

一流を目指すな。自己流が第一。自分だけの体験、経験が大切なのだ。落ちこぼれであっても「見捨てられる」ことはない。もっともっと「自分の体験」を大切にして伸ばしていこう。本体 1800 円

芝根秀和 著

ヘミシンク完全ガイドブック
全６冊合本　本体価格 5000 円

従来の「ヘミシンク家庭用プログラム〝ゲートウェイ・エクスペリエンス〟①～⑥」の各ガイドブックを一冊にまとめました。初心者からベテランまで役立つ待望の本です。実際のセミナーに準じた、それ以上の内容がつまっています。